KB264313

도서관에서 배운 지혜와 영성

도서관에서 배운 지혜와 영성

도서관에서 배운 지혜와 영성
천사무엘 교수 정년퇴임 기념 문집

2025년 6월 16일 처음 펴냄
2025년 6월 26일 2쇄 펴냄

지은이   천사무엘 외
펴낸이   김영호
펴낸곳   도서출판 동연
출판 등록   제1-1383호(1992. 6. 12.)
주소   서울시 마포구 월드컵로 163-3, 2층
전화/팩스   02-335-2630 / 02-335-2640
이메일   yh4321@gmail.com
인스타그램   instagram.com/dongyeon_press

ISBN 978-89-6447-167-8 03040

천사무엘 교수 정년퇴임 기념 문집

도서관에서 배운 지혜와 영성

천사무엘 외 함께 씀

동연

회고 문집을 출간하면서

　1년 전쯤 대학원 제자들과 대화를 나누다 나의 은퇴를 앞두고 퇴임 기념논문집을 만들려고 한다는 얘기를 들었다. 나에게 배운 것을 토대로 구약학 분야의 학술논문을 써서 책으로 출간하고자 하는 마음이 고맙게 느껴졌다. 그런데 시간이 지나면서 은퇴 기념논문집보다 더 소중하고 의미 있는 것이 무엇이겠냐는 생각이 나의 뇌리에서 맴돌았다. 제자들이 스승의 은퇴를 기념하여 논문을 쓰고 책으로 엮어 출간하는 것은 소중한 일이지만, 대부분의 학부 졸업생이 참여하지 못하기 때문에 마음에 걸렸다.

　그러던 중 학부와 대학원 졸업생들이 함께 참여할 수 있는 회고 문집을 만들면 좋겠다는 생각이 들었다. 기독교학과는 1990년에 개설되었는데, 나의 교수 생활은 1995년에 시작되어 대부분의 졸업생을 알고 있기 때문에, 이번 기회에 회고 문집을 만들어 추억을 공유하고 기록으로 남기는 것이 꼭 필요하다고 여겨졌다. '역사'나 '문화'는 글로 써야 만들어지는 것이 아닌가?

　본 회고 문집은 지난 30여 년 동안 한남대 캠퍼스에서 경험한 추억을 모은 글이다. 2024년 노벨문학상을 수상한 한강 작가의 "과거가 현재를 도울 수 있는가?"라는 실존적이고 수사학적인 질문이 함축하는 것처럼, 과거의 회고는 추억의 공유를 넘어 현재를 이해하고 치유하며, 구원하는 데 필요한 소중한 자산이다. 이 글을 읽으면서 젊은 날의 아름다운 나와 우리를 재발견하고, 나와 우리의 과거가 현재의 나와 우리를 치유하고 구원하는 시간이 되기를 바란다.

짧은 기간 동안 동문들에게 연락하여 회고의 글을 모으느라 수고한 편집위원들에게 고마움을 표한다. 또한 기독교학과에서 지난 30여 년의 세월을 함께한 동료 교수님들과 학생들, 또 목회 현장에서 함께 한 교우들 그리고 나의 삶을 축복하고 격려해 준 분들과 사랑하는 내 가족들에게 감사의 마음을 전한다. 불기둥과 구름기둥으로 나의 삶을 인도하시는 하나님의 은혜를 생각할 때 감사의 마음이 더욱 커진다.

2025년 6월 3일 대통령 선거일 아침에
천사무엘 교수

대학원 시절 한국구약학회에 대학원 동료들과 함께 참석한 적이 있었습니다. 학회를 마치고 무리 지어 가는 중, 여러 교수님께서 우리를 보시고서 "천사무엘 학파들"이라고 칭하는 것을 듣고 뒤를 돌아보고 인사를 드린 적이 있습니다. 우리 내부에서가 아니라 다른 학자들로부터 하나의 학파로 지칭된다는 것은 학자로서 최고의 보람이라고 생각합니다.

천사무엘 학파로서 함께 공부한 동료들과 몇 해 전부터 교수님의 은퇴를 기념해서 논문집을 헌사드릴 것에 대해서 이야기를 나누었습니다. 2025년이 은퇴라고 교수님께서 말씀하셨는데, 벌써 그날이 다가왔습니다. 그래서 어떻게 논문집을 준비할 것인지에 대해서 교수님과 상의 중 교수님께서는 논문보다 교수님과 함께 울고 웃었던 경험을 글로 남겨보면 좋을 것 같다고 말씀하셨습니다.

30년간 학부와 대학원에서 교수님을 거쳐 간 제자들을 찾는 일이 만만치 않아 보였습니다. 그래서 현재 대학원에서 수업 중인 학생들과 졸업생 중에서 몇 분을 모아 편집위원회를 구성하고 연락이 되는 졸업생들에게 교수님과의 경험을 글로 남겨달라는 요청을 하였습니다. 그래서 국내는 물론이고, 해외에서 활동하는 동문들도 기쁨과 감사로 여기에 참여하게 되었습니다. 이 일을 위해서 편집위원들이 많이 수고해 주셨습니다. 임신호 목사님과 학위논문을 앞두고 있지만 최선을 다해 수고해 주신 최성진, 박지훈 목사님, 김영준, 김나현, 윤희선 전도사님,

특히 선후배 간의 깊고 굵은 인맥을 가지고 큰 힘이 되어 주신 박희진 교수님께 감사드립니다. 그렇게 한 명 한 명 수소문하여 모여진 글들이 이 책에 담겨 있습니다.

개인적으로 천사무엘 교수님과 함께한 10년은 제게 "삶 속에서 꽃 피우는 학문"이라는 결실을 안겨준 매우 소중한 시간이었습니다. 교수님과의 시간은 오랫동안 저를 괴롭혔던 "학문이 어떻게 현재의 삶에 영향을 줄 수 있는가"에 대한 실마리를 찾게 해 주었으며, 제 삶의 방식을 결정하는 데 가장 강력한 영향을 미쳤습니다.

교수님을 만난 모든 학생이 같은 경험은 아닐지라도, 교수님의 인간적인 사랑과 학문에 대한 깊은 진지함을 통해 큰 영향을 받았을 것입니다. 그리고 그 만남이 각자의 삶에 지대한 영향을 미치고 현재를 살아가는 데 큰 힘이 되었다는 점에서는 모두 같은 마음이리라 생각합니다.

교수님께 받은 사랑과 학문에 대한 자세를 닮아 가고자 하는 제자들이 교수님과의 소중한 만남의 경험들을 이 책에 담아 드립니다. 교수님께서 교수로서의 여정을 마치고 새로운 계획을 시작하시는 길을 축복하며, 감사와 사랑의 마음을 담아 이 책을 바칩니다.

2025년 6월
기고자들을 대표하여
송승규

천사무엘 교수의
이력과 경력

출생 및 배경

- 1960. 3. 15.(음력)
- 부친 천희석 목사(작고, 정읍중앙교회 원로 목사)

  모친 최덕심(작고)
- 출생 당시 부친은 담양 삼인산교회(현 삼산교회) 개척 후 목회

  이후 장성 소룡리교회(현 성광교회), 익산 장덕교회(현 성당중앙교회), 정읍중

  앙교회에서 목회
- 형 천해상(千海相, 1955년생) 1980년 작고
- 외조부 최동선 장로(나주 반남면 면장 역임)는 미국 남장로교 선교사들을 도와

  조사(助事)로서 장성사거리교회(1957. 9.~1960. 4.) 등에서 사역했고, 부친의

  초기 목회 활동에 깊은 영향을 줌

가족

김성숙(아내), 천세환(아들), 천기환(아들)

학력

— 장성 삼서서초등학교(1~4학년 4월/현재 폐교)

— 익산 성당초등학교(4학년 4월~5학년)

— 전주 신흥초등학교(1972)

— 전주 동중학교(1975)

— 익산 남성고등학교(1978)

— 연세대학교 신학과(1979 입학, 1983 졸업, 신학사/교육학 부전공)

— 연세대학교 대학원(1985년 신학석사 학위)

　학위논문: "고대 이스라엘의 가나안 정착에 관한 연구"

— 장로회신학대학교 신학대학원(1988년 Master of Divinity)

　학위논문: "고대 이스라엘의 사사직분에 관한 연구"

— 미국 Yale University Divinity School(1990년 Master of Sacred
　Theology)

— 미국 Graduate Theological Union(1994년 Doctor of Philosophy)

　학위논문: "An Investigation of Pseudo-Solomon's Interpretation of
　the Exodus Story in the Wisdom of Solomon 11-19"

세례 및 목사안수

— 유아세례: 1964년 4월 10일/집례자 강치원 목사

— 입교: 1975년 12월 14일/집례자 천희석 목사

— 목사안수: 1989년 10월 27일/미국장로교회(PCUSA) 뉴잉글랜드남부노회
　(Presbytery of Southern New England)

— 대한예수교장로회(통합) 대전노회 기관 목사

목회

— 서울 덕수교회 교육전도사(1984. 1.~1988. 7.)

— 미국 하트포드한인교회 담임목사(1989. 3.~1990. 7.)

— 미국 새크라멘토 카마이클교회 설교 목사(1990)

— 미국 새크라멘토 한인교회 담임목사(1992~1993)

— 한남대학교회 담임목사(2002. 11.~2005. 10./2018. 3.~2021. 3.)

— 사랑과 비전교회 설교 목사(2008~현재)

교육

— 한남대학교 교수(1995. 3.~2025. 8.)

— 미국 San Francisco Theological Seminary, Visiting Scholar(2001)

— 일본 긴조대학 교환교수(2003)

— 호남신학대학교 이사(2003. 7.~2007. 7.)

— 호주 Crossway College, Visiting Scholar(2006~2007)

— 호주 Charles Sturt University, Adjunct Faculty, Professorial Associate
(2010. 7.~2018. 6.)

— 호주 Alphacrusis College, Honorary Professor(2016~2019)

— 연세대학교, 장로회신학대학교, 한남대학교, 한일장신대학교, 대전신학대학교
강사

— 한남대학교 경력

  • 기독교학과 학과장(2000. 3.~2003. 2./2010. 3.~2011. 2.)

  • 교목(1995~2025)

  • 교목실장(2004. 3.~8./2016. 3.~2018. 2.)

  • 학제 신학대학원 원장(2007. 3.~2012. 2./2016. 3.~2018. 2.)

  • 인돈학술원 원장(2007. 3.~2010. 2./2018. 3.~2019. 2.)

• CK-1 글로컬다문화인재양성사업단/다문화교육사업단 단장

　(2014. 7.~ 2019. 2. /2024. 2.)

학회 및 기타 활동

— 통합구약학회 회장(2018. 1.~2021. 2.)

— 한국기독교대학 교목회 및 한국대학선교학회 회장(2021)

— 한국구약학회 부회장(2008~2010)

— 연세신학백주년기념성경주석 구약 집필위원장

— 미국 아빙돈출판사 성서사전(The New Interpreter's Dictionary of the Bible) 집필위원

— 예장통합 표준주석 집필위원

— 「구약논단」 편집위원

— 월간 「새가정」 편집위원

— 학술지 「마당」 편집위원

— 예장통합 총회 제100회기 총회주제연구위원회 전문위원(2015)

— 김찬국기념사업회 실행위원

— 연세대학교 신과대학 총동문회장

상훈

— 한남대학교 미천장학회 연구업적우수교원(2000)

— 미국 Templeton Foundation Science and Religion Course Prize(2002)

— "세계 100대 교육자"(2009) 영국 케임브리지 국제인명센터(IBC)

— "21세기 탁월한 지식인 2000명"(2009) 영국 케임브리지 국제인명센터(IBC)

— "21세기 위대한 지성"(2009) American Biographical Institute

— "마르퀴스 후스후 인더월드"(2011) Marquis Who's Who in the World

― 문화관광부 우수학술도서 『지혜전승과 지혜문학』(2010)

학술대회 논문 발표

한국구약학회. "솔로몬의 지혜서에 나타난 출애굽 전승의 해석에 관한 연구."
(1994).

세계구약학회. "Anonymity in the Wisdom of Solomon." (1998, University
of Oslo).

미국가톨릭성서학회. "Rethinking the Story of Lot's Wife(Gen 19:1-29)."
(1998, University of Scranton).

미국성서학회 논문발표. "Issues of Biblical Interpretation in Korea:
A Historical View." (2001, Denver).

미국가톨릭성서학회. "Josephus' Interpretation of the Plagues Story."
(2002, John Carroll University).

한국신약학회. "인간의 본성과 운명에 대한 쿰란공동체의 이해." (2004).

한국구약학회 춘계학술대회 주제발표. "구약성서와 정치." (2008).

호주 찰스스터트대학교 주최 깔뱅 탄생 500주년 기념 학술대회. "Calvin's
Biblical Interpretation and Its Understanding in Korean Church and
Society." (2009).

아시아성서학회. "Calvin's Biblical Interpretation and Fundamentalism
in Korea." (2010, Chinese University of Hong Kong).

아시아기독교학교연맹 회의 주제 발표. "Teaching the Bible in the Multi-
cultural Society." (2010).

한국기독교학회 정기학술대회. "한국교회의 구약성서 해석사." (2011).

한국구약학회 추계학술대회 주제 발표. "구약성서와 하나님의 영." (2016).

통합구약학회. "다문화 시대의 구약성서 해석과 교육." (2018).

한국대학선교학회. "디지털원주민 Z세대에 대한 대학선교 방안 모색." (2020).

온신학회. "성서학자의 관점에서 본 창조과학." (2021).

한국대학선교학회. "기독교대학 채플에 대한 국가인권위원회의 결정 고찰." (2021).

저서

The Exodus Story in the Wisdom of Solomon. JSPS, 23; Sheffield: Sheffield Academic Press, 1997.

『구약외경의 이해』. 천안: 한국신학연구소, 1996.

『창세기』. 대한기독교서회100주년기념주석. 서울: 대한기독교서회, 2001.

『김재준: 근본주의와 독재에 맞선 예언자적 양심』. 서울: 살림출판사, 2003.

『사해사본과 쿰란 공동체』. 서울: 대한기독교서회, 2004.

『성경과 과학의 대화』. 대전: 글누리, 2008.

『지혜전승과 지혜문학』. 서울: 동연, 2009.

『신구약중간시대의 성서해석: 예수시대 전후의 성서해석』. 서울: 대한기독교서회, 2014.

『출애굽기』. 연세신학100주년기념주석. 서울: 대한기독교서회, 2015.

『민중인권실천 신학자 김찬국』. 서울: 동연, 2019.

주요 공저서

『날아가는 세상 기어가는 지혜』. 대전: 한남대학교 출판부, 1996.

『현대인과 성서』. 대전: 한남대학교 출판부, 1997.

『생명문화와 기독교』. 서울: 한들, 1999.

『신명기』. 서울: 감리교신학대학교 출판부, 2004.

『구약성서개론』. 서울: 대한기독교서회, 2004.

『성서문학의 세계』. 대전: 한남대학교 출판부, 2005.

『성경퀴즈파노라마』. 대전: 한남대학교 출판부, 2005.

『미국 기독교 대학의 교훈과 도전』. 대전: 한남대학교 출판부, 2005.

『상황과 섭리』. 서울: 동연, 2010.

『토라의 신학』. 서울: 동연, 2010.

『성서와 인성』. 대전: 한남대학교 탈메이지교양융복합대학, 2023.

『창조신앙, 어떻게 볼 것인가?』. 서울: 동연, 2024.

『구약학자들의 시편설교』. 서울: 한들, 2018.

『구약학자들의 잠언설교』. 서울: 한들, 2019.

공역서
『한국 선교 이야기: 미국 남장로교 한국 선교 역사』. 서울: 동연, 2010.

『한국 문화 이야기』. 서울: 동연, 2011.

『부끄럽지 않은 수치심: 성서에 나타난 수치심』. 서울: 동연, 2013.

『하나님과 진화를 동시에 믿을 수 있는가』. 서울: 동연, 2015.

주요 학술 논문 및 기고문

영어
"Examining the Date of the Wisdom of Solomon." 「구약논단」 1 (1995).

"B. S. Childs' Debate with Scholars about His Canonical Approach." *Asia Journal of Theology* 11/2 (1997).

"Anonymity in the Wisdom of Solomon." *Journal for the Study of Pseudepigrapha* 18 (1998/10).

"Filling the Gap in the Story of Lot's Wife (Genesis 19:1-29)." *Asia Journal of Theology* 15/1 (April/2001).

"Three Characters in the Wisdom of Solomon 3-4." *Journal for the Study of Pseudepigrapha* 12 (2001).

Book review of Herman Hendrickx, Jesus in the Temple (Luke 19:45-21:38): The Third Gospel for the Third World (Collegeville: Liturgical Press, 2001), Review of Biblical Literature on-line version (Society of Biblical Literature, 2003). http://www.bookreviews.org/pdf/2873_2834.pdf.

"Josephus and the Story of Plagues: An Appraisal of a Moralising Interpretation." *Asia Journal of Theology* 18/1 (2004/April).

"A Rhetorical Study of Amos 5:1-17." *Korea Journal of Christian Studies* 36 (2004).

"Biblical Interpretation in Korea: History and Issues." in *Ways of Being, Ways of Reading: Asian American biblical Interpretation.* edited by Mary Foskett and Jeffrey Kah-Jin Kuan (St. Louis: Chalice Press, 2006).

"The Old Testament Apocrypha and its Studies in Korea." *Quest: An Interdisciplinary Journal for Asian Christian Scholars* 5/1 (2006).

"Reconsidering Jephthah's Story in Asian Perspective." *Journal of Asian and Asian American Theology:* In Honor of Paul M. Nagano 6 (2003-2004).

"Reconsidering Bathsheba's Story from an Asian Perspective." *Madang: International Journal of Contextual Theology in East Asia* 12 (2009/12).

"Pedaiah." in ed., K. D. Sakenfeld, *The New Interpreter's Dictionary of the Bible* Vol. 4 (Nashville: Abingdon Press, 2009).

"Calvin and Calvinism's Biblical Interpretation in Korea." 「구약논단」 16 (2010).

"Calvin's Biblical Interpretation and Its Understanding in Korean Church and Society." *Uniting Church Studies* 17/1 (2011/6).

"Post-Korean War Era (1945-1970)." in Won W. Lee, ed., *The Oxford Handbook of the Bible in Korea* (Oxford University Press, 2022).

한글

"고대근동과 구약성서의 창조설화에 나타난 시간관 비교연구."「원우론집」(연세대학원) 12 (1984).

"구약성서에 나타난 샤마니즘적 요소."「신학의 길」(연세신학연구회) 1 (1985).

"가나안 정착의 사회학적 해석에 관한 연구."「로고스」23 (1987).

"알렉산드리아 유대인 공동체 형성과 박해의 역사."「신학사상」88 (1995).

"마카비 혁명의 원인과 결과."「기독교사상」447 (1996/3).

"죽음의 세력에게 내어 주지 않으시며(시편 16편)."「성경연구」17 (1996).

"솔로몬의 지혜서에 나타난 인간론."「신학논총」2 (1996).

"쿰란문서와 초기 기독교."「예장바른목회실천협의회 96목회자수련회자료집」.

"호세아의 예언과 성취(호 1:1-2:1)."「성서마당」19 (1996).

"나의 학위논문: 신구약중간시대의 출애굽 전승해석."「목회와 신학」92 (1997).

"불뱀과 구리뱀."「성경연구」28 (1997).

"해외신학교 순례 (48) 예일대학교: 신학전통과 타학문의 공유지."「목회와 신학」94 (1997).

"구약성서의 지혜문학과 창조신앙."「기독교문화연구」2 (1997).

"한국교회 예배갱신을 위한 구약성서적 제언."「성서마당」28 (1997).

"쿰란공동체의 성서해석."「구약논단」4 (1998).

"지혜를 사랑하라."「성경연구」43 (1998).

"십일조의 의미와 기능."「신학사상」102 (1998/가을).

"제16차 세계구약학회 참관기."「구약논단」5 (1998).

"구약성서의 구원관."「기독교문화연구」 3 (1998).

"구약성서해석에 있어서 한국 민간전승의 활용방법모색." 해석학과 토착화 (서울: 한들, 1999).

"구약 역사서 공관 대조의 필요성과 편집 방법."「성경원문연구」 4 (1999).

"성령의 새 창조."「기독교사상」 485 (1999/5).

"필로의 위서에 나타난 성서해석."「구약논단」 6 (1999).

"다시 불러야 할 참회의 슬픈 노래."「기독교사상」 486 (1997/6).

"법을 지키면 번영이 있다."「기독교사상」 487 (1997/7).

"너희는 힘써 잃고 쉬어라."「기독교사상」 487 (1997/8).

"쿰란 공동체와 초기 기독교."「기독교문화연구」 4 (1999).

"솔로몬의 유언." "셔울."「한국가톨릭대사전」 제7권.

"평강의 왕으로 오시는 아기 예수."「예배와 강단」 (2000).

"구약성서에 나타난 생명신학." 생명문화와 기독교 (서울: 한들, 1999).

"알렉산드리아 필로의 성서해석."「한국기독교신학논총」 17 (2000).

"솔로몬의 지혜서에 나타난 성서해석."「신학논단」 (한국통합신학회지) 1 (2000).

"사해 사본은 성서 번역에 어떤 공헌을 했는가." 좀 쉽게 말해 주시오 (서울: 대한기독교서회, 2000).

"신명기 16-17장의 본문비평적 주석."「기독교문화연구」 5 (2000).

"쿰란공동체의 종교사상."「한국기독교신학논총」 20 (2001).

"수용미학적 구약성서해석에 관한 연구."「한국기독교신학논총」 21 (2001).

"지혜문학과 예언문학의 관계." 구약과 신학의 세계 (서울: 한들, 2001).

"사두가이파." "사디아 벤 요세프." "시빌라의 신탁." "십일조." "수산나." "야훼."「한국가톨릭대사전」 제6권.

"알렉산드리아 필로의 인간이해."「한국기독교신학논총」 23 (2002).

“유대왕국.” “유언.” “엘로힘.” 「한국가톨릭대사전」 제9권.

“수명의 신학적 의미.” 「성서마당」 56 (2002).

“지혜문학과 영성.” 「통합신학논단」 2 (2002).

“시험을 이긴 아브라함.” 「성경연구」 96 (2002).

“구약성서의 시각에서 본 새로운 국가권력형태.” 「신학사상」 119 (2002).

“가지고 와서.” 2003 「예배와 강단」.

“구약성서에 나타난 자연과 인간.” 「기독교문화연구」 7 (2002).

“요세푸스의 역사이해.” 「신학사상」 121 (2003/여름).

“구약성서에 나타난 생명과 새 생명.” 「기독교문화연구」 8 (2003).

“모세의 빛난 얼굴.” 2004 「예배와 강단」.

“지혜문학과 묵시문학의 관계.” 「한국기독교신학논총」 32 (2004).

“예수의 가르침과 복음서에 나타난 지혜전승.” 「기독교문화연구」 9 (2004).

“인간의 본성과 운명에 관한 쿰란 공동체의 이해.” 「신약논단」 11/4 (2004).

“장공 김재준의 사상과 그 평가.” 「한남대 논문집: 인문-사회과학」 34 (2004).

“창조과학과 성서해석.” 「대학과 선교」 7 (2004).

“김정준의 창세기 연구 이해.” 만수 김정준 구약신학 (서울: 경건과 신학 연구소,
    2004).

“집회서의 이스라엘 영웅 찬양시.” 「한국기독교신학논총」 40 (2005).

“구약 지혜 전승과 신약성서.” 「구약논단」 18 (2005).

“공의와 인자와 겸손을 원하시는 하나님.” 2005 「예배와 강단」.

“칼빈의 성서해석과 자연과학.” 「대학과 선교」 11 (2006).

“근본주의와 독재에 맞선 예언자적 양심 김재준.” 장공 김재준의 신학세계 (오산:
    한신대학교 출판부, 2006).

“칼빈의 구약성서주석에 나타난 해석의 원리와 방법.” 「대학과 선교」 12 (2007).

“알 수 없는 지혜 신비의 하나님.” 「기독교사상」 586 (2007/10).

“사해사본이 칠십인역 본문 연구에 끼친 영향.”「신약논단」 14/4 (2007).

“봉사 화해 일치의 목회를 위한 구약성서적 접근.” 섬김 화해 일치의 목회와 신학 (서울: 한들, 2007).

“칠십인역의 해석학적 특성.” 깊은 말씀 맑은 가르침 (서울: 땅에 쓰신 글씨, 2007).

“잠언 연구의 주요 해석학적 과제들.”「구약논단」 30 (2008).

“섬김의 목회에 대한 구약성서적 반성.”「성서마당」 88 (2008).

“지혜서에 나타난 하나님을 기쁘시게 하는 삶.” 하나님을 기쁘시게 하는 삶 (서울: 한국장로교출판사, 2009).

“아브라함의 역사적 정체성 논의 연구.”「구약논단」 32 (2009).

“레이놀즈의 신학: 칼뱅주의와 성서관을 중심으로.”「한국기독교와 역사」 33 (2010).

“다문화사회 기독교학교의 성서교육.”「신학논단」 65 (2011).

“그리스-로마 수사학의 개념화와 변천과정.” 은혜로운 말씀 생명과 평화의 길 (서울: 한들, 2011).

“깔뱅의 성서해석과 한국교회.” 우리시대의 깔뱅 (서울: 한들, 2011).

“다문화사회 기독교학교의 성서교육.”「신학논단」 65 (2011).

“잠언에 나타난 음녀의 정체성 연구.”「한국기독교신학논총」 83 (2012).

“구약정경의 형성과정에 대한 재고: 표준이론을 중심으로.”「구약논단」 20/1 (2014).

“다문화 사회의 목회.”「다문화리더십」 1 (2015).

“인간의 범죄와 징벌: 창세기 3장.”「그 말씀」 311 (2015/5).

“사라를 되찾아 주시는 하나님.”「그 말씀」 313 (2015/7).

“밥이 있는 삶 밥 너머의 삶.”「새가정」 (2015/5).

“구약성서의 화해.” 제100회 총회 주제해설: 주님 우리로 화해하게 하소서 (2015).

“솔로몬의 지혜서 10장에 나타난 성서해석 연구.”「장신논단」 47/1(2015).

"솔로몬의 지혜서에 나타난 하나님의 자비 이해." 「구약논단」 22/1 (2016).

"구약과 외경에 나오는 하나님의 영 이해." 「한국기독교신학논총」 106 (2017).

"한남대학교의 설립정신과 그 계승: 60년사 집필과 관련하여." 「프런티어」 17 (2019).

"김찬국의 구약신학방법과 그 변화." 「신학논단」 96 (2019).

"디지털원주민 Z세대에 대한 대학선교방안 모색." 「대학과 선교」 45 (2020).

"기독교대학 채플에 대한 국가인권위원회의 결정 고찰." 「대학과 선교」 41 (2022).

1부

나의 삶 회고

: 기독교학과 교수 31년

한남대와 만남

내가 한남대학교 캠퍼스를 처음 밟았을 때는 1988년 봄이었다. 총회 목사고시가 이곳에서 있었기 때문이다. 고시 전날 서울에서 내려와 오정동 오거리에 있는 여관에서 신대원 동기들과 함께 잠을 자고 다음 날 아침 성지관에 모였다. 당시 학교는 캠퍼스 확장을 위해 공사가 한창이었고, 진입로도 제대로 포장이 안 되어서 걷기가 불편했다. 성지관은 지은 지 얼마 되지 않았는데 대전에서 가장 큰 공연장이라고 소개했다. 성지관과 맞닿은 건물의 강의실에서 필기시험과 면접이 있었던 것 같다.

1988년은 서울올림픽이 있던 해인데, 8월에 미국 예일대학교에 유학하기 위해 가족과 함께 김포공항에서 출국했다. 당시는 미국에 갈 때 공항까지 나와서 마중하던 시절이라 가족들과 교인들이 공항에 나와서 환송을 해주었다. 특히 교육 전도사로 7년 동안 있었던 서울 덕수교회 교사들이 아침 일찍 나와 기도해 주면서 환송할 때 고맙기도 하고 미안하기도 했다.

한남대학교 이름을 다시 들은 것은 그로부터 6년 뒤인 1994년 봄이었다. 박사과정 논문을 마무리할 즈음 장신대 서정운 총장님께서 목회학 박사과정을 공동 운영하는 미국 샌프란시스코 신학대학원에 방문하러 버클리 근처에 오셨다. 만나자는 연락에 묵고 계시던 호텔로 찾아가 뵈었더니 한남대에서 구약학 교수를 구하고 있는데 꼭 지원하라고 하셨다. 당시에는 미국의 구약학 박사학위 소지자를 찾기가 쉽지 않았기 때문에 특별히 당부하셨다. 7월에 귀국해서 장신대 총장실에 인사를 갔을 때도 서 총장님은 한남대에 지원하라고 하셨다.

그해 2학기에 한남대 기독교학과에서 '성문서'라는 과목을 강의해 달라는 요청을 받았다. 2학점으로 3학년 과목이었는데, 수강생들은 거의 다 여학생들이었다. 남학생들은 대부분 군대에 갔다고 했다. 강의는 한남대뿐만 아니라 연세대 원주캠퍼스, 전주 한일장신대, 서울 화곡동의 그리스도신학대(현 강서대)에서도 했다. 하루에 한 학교씩 들러서 강의했는데, 교통이 불편하여서 매우 힘들었다.

1995년 1학기에 한남대학교 기독교학과 조교수로 교수 생활을 시작했다. 당시 한남대는 학교 규모가 팽창하던 때라 교수 충원을 많이 했다. 문과대학에서는 교수연구실이 모자랐는데, 내 연구실은 제대로 배정이 안 되었다. 사실은 배정이 되었지만, 기존에 사용하던 데서 방을 내주지 않아서 들어갈 수가 없었다. 학과 교수들도 다른 방도가 없다고 하면서, 현 인사례교양동(당시 도서관) 4층에 있던 기독교문화연구소 사무실에서 당분간 지내고 김은용 교수님이 은퇴하시면 그 방에 들어가는 게 좋겠다고 했다. 기독교문화연구소 사무실은 비어 있었는데, 비가 많이 오면 물이 새었고, 도서관 건물이라 학생들이 오가면서 시끄러웠다. 1년 뒤 문과대학 3층에 있는 308호실로 이사했다.

교수 생활을 시작하면서

한남대학교 기독교학과는 1990년 3월에 시작되었다. 교목실의 교목들이 채플과 교양과목을 담당하다가 기독교학과를 개설했다. 한남대는 설립 때부터 미국 남장로교 선교사들이 성문과 즉 성서문학과를 개설하여 성서와 신학을 가르쳤다. 그러다 선교사들은 총회 소속 신학교들의 신학교육과 중복된다고 하여 성문과를 폐과했다. 이후 기독교대학으로서의 위상과 학교의 학생 증원 등을 고려하여 교목들을 중심으로 기독교학과를 개설했다. 1995년 내가 기독교학과 교수가 되었을 때만 해도 '기독교학과'라는 명칭이 생소했고, '신학과'라는 명칭을 선호하는 경향이 있었다. 또한 기독교학과가 문과대학에 속해 있어서 '신과대학'이나 '신학대학'으로 독립해야 하지 않느냐는 얘기도 있었다. 그러나 학부에서는 종합대학의 환경에서 폭넓은 신학 분야 교육을 실시하는 것이 바람직하다는 견해가 우세했다. 그리하여 목회뿐만 아니라 기독교계 중·고등학교 성경 교사, 방송, 언론, 출판, 사회복지기관 등의 기독교계 기관에서 필요로 하는 인재를 양성하자는 것이었다. 또한 기독교인으로서 사회 각 분야에서 활동하는데 유용한 교육을 하는 것이 필요하다는 견해도 중요했다.

기독교학과 교수진의 분위기는 화기애애하고 좋았다. 내가 부임할 때에 김은용(교회사), 황청일(선교학), 이문균(조직신학), 김광률(기독교교육), 이달(신약학) 교수님이 계셨는데, 교목으로서 캠퍼스 선교에 열정이 있으셨고, 기독교학과 교수로서도 전공 수업과 학생들과의 소통에 적극적이었다. 한 학기 뒤에 조용훈(기독교윤리) 교수가 들어 왔다. 사실 부임 뒤에 내가 교목으로도 활동해야 한다는 말을 들었을 때는 약간 충격이었다. 교목 활동은 생각지도 못했고, 교수로서 연구하고 가르치는 일에 집중하고자 했기 때문이다. 그러나 주어진 현실을 받아들이면서 교목 활동을 통해 일반 학생들과 소통하고 캠퍼스 선교에 관심을 가지게 될 수 있었다.

부임 초기 내가 가르친 교과목은 교목으로서 전교생 교양필수였던 <현대인과 성서>와 채플 인도를 맡았고, 기독교학과 교수로서 <고대 이스라엘 역사>, <오경>, <예언서>, <성문서>, <히브리어> 등을 가르쳤다. 부임 초기에는 기독교학과 대학원이나 학제 신학대학원이 없었기 때문에 시간적으로 여유가 있어서 <현대인과 성서>를 두 강좌 정도 가르쳤다.

구약성서를 가르치면서 가장 큰 문제는 학생들이 가지고 있던 근본주의 신앙이었다. 교회에서 성경을 배운 학생들은 성서를 문자 그대로 역사적 사실이자 과학적으로 타당하다고 믿는 경향이 강했다. 성서의 내용이 역사적으로나 과학적으로 타당하지 않을 때는 하나님이 개입하시는 특별한 기적의 역사로 받아들였다. 이런 학생들에게 "고대 근동의 역사적 상황과 성서 자체의 문학적 정황을 고려해서 성서를 읽어야 한다"라고 했을 때 학생들은 매우 혼란스러워했다. 자신들이 그동안 가지고 있던 신앙과 신념이 무너지는 느낌을 받았기 때문이다.

이런 현상은 1979년 내가 대학에 들어가 1학년 때 <신약 개론>을 수강했을 때도 똑같이 경험했기 때문에 놀랍지 않았다. 오히려 나의 경험을 바탕으로 학생들에게 이를 극복하는 방법을 알려주었다. 내가 대학에 들어갈 때나 당시에나 교회에서 가르치는 성경에 관한 내용이

거의 변하지 않았고, 오히려 근본주의적인 경향이 더 강화된 느낌을 받았을 때 실망스럽고 우려스러웠다. 성서문자주의와 근본주의적인 기독교 신앙이 가져다주는 폐해가 신앙인 개인의 삶뿐만 아니라 사회적으로도 매우 크다는 것을 미국 유학을 통해서 배웠기 때문이다.

성서문자주의와 근본주의가 심할수록 기독교계 이단들이 더욱 활개를 치고 번성하는 것은 기독교 역사에서 볼 수 있는 현상이다. 또한 이러한 교회에 실망하고 회의하는 그리스도인들이 교회를 떠난 실례는 유럽이나 미국 등에서 얼마든지 찾아볼 수 있다. 중세 기독교도 성서문자주의와 교리적인 성서 해석이 교회와 신앙을 병들게 했고, 이를 바로 잡기 위해서 종교 개혁자들이 역사적, 문학적 상황을 고려한 성서 주석을 제시하지 않았던가? 이것은 장 칼뱅의 성서 주석을 읽어보면 분명하게 알 수 있다.

중세 기독교의 교리적 성서 해석에서 벗어나 '오직 성서'를 통해서 기독교 신앙을 세우려는 종교 개혁자들의 정신은 성서를 가르치는 나에게 매우 중요했다. 그것은 오늘날 근본주의적이고 성서문자주의적인 성서해석을 극복해야 한다는 것을 의미했다. 그렇기 때문에 성서문자주의에 고착된 학생들의 사고를 오늘날의 성서학과 신학을 통해서 깨우치고 새롭게 형성하게 해야 한다는 것은 나에게는 일종의 사명이었다. 내가 가르치는 학생들만이라도 변하고 이들로 하여금 한국교회가 조금이라도 변한다면 한 알의 밀알이 땅에 떨어지는 효과가 있을 것이라는 믿음이기도 했다.

우리 학생들에게 필요한 것은 신앙과 사고의 전환뿐만 아니라 영어 실력이었다. 미국에 유학하면서 영어 때문에 고생했던 일을 고려하면 가능한 한 빨리 영어에 더 친숙해야 한다고 생각했다. 그래서 영어로 된 성서학 서적을 수업 시간에 읽고 번역하고 설명하면서 강의하기도 했다. 히브리어의 경우 영어로 된 와인그린(J. Weingreen)의 히브리어 문법책을 그대로 사용했다. 내가 학부에서 히브리어를 처음 배울 때 사용했던 교과서이기도 했다. 수업 전체를 영어로만 진행했던 적도 있었다. 학교에서 영어 강의를 장려하였기 때문에 몇 년 동안 실시할 수 있었다.

학생들의 영어 실력을 위해서 영어 단어를 외우는 공부 모임도 운영했다. 학기별로 5~6명 정도가 참여했는데, 대부분 여학생이었다. 영어 단어는 『Vocabulary 22,000』에 나오는 단어를 외우게 했는데, 문법보다는 영어 단어를 아는 것이 가장 중요하다고 여겼기 때문이다. 이것은 내가 대학 1학년 때 종로에 있는 영어학원에 다니면서 알게 된 책이다. 이 책에서 공부한 단어들은 나중에 토플시험 공부할 때 매우 유용했었다.

도서관에 가라

내가 기독교학과 학생들에게 자주 했던 말이 있다.

"날마다 도서관에 가서 2시간씩 앉아 있어라. 신문을 읽든 잡지를 읽든 만화책을 보든 2시간씩 앉아 있어라."
"하나님을 만나려거든 기도원에 가지 말고 도서관으로 가라. 거기에서 책을 읽으면서 하나님을 만나라."

이것은 사실 내가 대학에 다닐 때 했던 일이었다. 나는 대학에 입학하여 어떻게 공부해야 하는 줄 몰랐다. 고등학교 때까지는 대부분 무조건 외우면 되었지만, 대학에서는 외운다고 되는 것이 아니었다. 대학에 들어왔다는 해방감 때문에 놀기에도 바빴다. 그러다 1학년 1학기 때 '학사경고'를 받았다. 영어는 F학점을 받았는데, 시험에서는 영어 원어민이 읽어주는 교과서의 내용과 영어로 제시하는 문제를 영어로 답해야 했다. 영어 리스닝이 부족하여 답하기가 힘들었다. 심리학이나 자연과학 등 교양학부 과목들도 이해하기가 쉽지 않았다.

"도대체 대학 공부를 어떻게 해야 하는가? 이러다 졸업을 할 수 있을까?"

한 번만 더 '학사경고'를 받으면 2학년에 진급할 수 없었다. 실제로 진급하지 못한 선배들도 있었다.

1학년 2학기가 개강한 뒤 새로 지은 중앙도서관에 갔다. 대학 입학 후 한 번도 도서관에 간 적이 없었는데, 처음으로 도서관에 들어가 본 것이다. 개방 열람실에 갔는데 거기에서 2학년 여학생 선배를 만났다. 그 선배는 1학년 학생이 도서관에 왔다는 것에 반가워했다. 어떻게 도서관에 오게 되었느냐고 물었다. 공부하고 싶어서 왔는데 어떻게 해야 할지 모르겠다고 했다. 그때 자신은 날마다 강의가 없는 시간이나 수업 끝나고 도서관에 온다고 했다. 공과대학에 다니는 오빠와 함께 공부한다고 했다. 도서관에서 공부하다 보면 된다고 했다. 하루에 2시간 정도만 있어도 된다고 했다. 이 말에 내가 꽂혔다.

그날부터 날마다 도서관에 다니기 시작했다. 친구들과 어울리는 시간이 있어도, 여학생을 소개받는 미팅이 있어도, 영화를 보거나 시내에 나갔다가도 밤에 다시 도서관으로 돌아와 2시간을 채웠다. 당시에는 밤 12시에 통행금지가 있어서 도서관이 11:30에 문을 닫았는데, 그때까지 있는 날이 많았다. 도서관에서 전공책도 읽고 사전도 찾아보고 신문이나 잡지도 읽었다. 방학 때는 아침 9시부터 밤늦게까지 있기도 했다. 도서관에 학생들이 점점 많아지자, 내가 원하는 자리를 차지하기가 어려웠다. 그래서 아침 일찍 도서관 문을 열 때 가야 했다. 도서관에서 앉아 있다 보면 깨닫는 바가 많았다. 신앙에 관한 질문들, 해외 유학에 대한 정보, 정치와 사회에 관한 상황, 사랑에 대한 개념 등에 대해 책이나 자료를 찾아 읽으면서 얻는 지식은 새로운 세계를 경험하게 했다. 하나님에 대한 개념을 새롭게 깨달았을 때는 환호성을 지를 뻔했다. 이때 느낀 희열은 말로 표현할 수 없는 카타르시스였다. 이러한 경험을 우리 학생들이 한다면 얼마나 좋을까? 이런 생각에 학생들에게 도서관에 가라고 기회가 있을 때마다 강조했다.

나도 도서관에 갔다

유학을 마치고 귀국해 제일 아쉬웠던 것은 내 연구 분야의 자료가 국내에 거의 없다는 것이었다. 논문을 쓰려면 해외로 나가야 했고, 해외에 나가더라도 자료가 많은 곳을 찾아야 했다. 논문 쓰는 것이 교수에게 가장 중요하다고 생각했기 때문에 여름방학 때마다 한두 달씩 해외 도서관으로 갔다. 1995년 여름 교수가 된 뒤 가장 먼저 찾아간 곳은 이스라엘 예루살렘에 있는 에꼴 비블릭(Ecole Biblique Jerusalem)이었다. 대학 선배인 건국대 고(故) 최창모 교수님이 소개하여 함께 가서 지냈다. 프랑스 도미니칸수도회에서 운영하는 성서학 학교로 성서 분야 자료가 잘 갖추어진 도서관이 있고 쿰란 지역을 발굴한 프랑스의 롤랑 드보(Roland de Vaux) 교수가 이곳에서 가르쳤었다. 근처에 사해사본을 보관한 박물관이 있어서 미국과 독일 등의 학자들이 박사과정 학생들과 함께 이곳에서 여름방학을 지냈다. 독일의 슈테그만(H. Stegemann), 미국의 유진 울리히(Eugene Ulrich) 등도 해마다 이곳에서 여름을 지내고 있었는데, 저녁 식사 때에는 이들과 대화하면서 그들이 하고 있는 사해사본 연구에 관해서 들을 수 있었다.

최창모 교수는 건국대 히브리어학과 학생들을 데리고 와서 벳산 근처의 키브츠에서 4주 동안 현대 히브리어 연수를 시켰는데, 주요 역사 유적지를 방문하는 프로그램도 했다. 나도 학생들을 이곳에 데리고 와서 경험하게 하고 싶었다. 그리하여 다음 해인 1996년 여름 기독교학과 학생들을 모집하여 건국대 학생들과 함께 키브츠에서 4주 동안 현대 히브리어를 배우며 지내게 했다. 학생들은 여기에서 배운 히브리어로 버스도 탈 수 있었고, 물건도 살 수 있었다. 또한 마사다, 쿰란, 예루살렘, 가이사랴, 하이파, 골란고원, 갈릴리 등 성서에 나오는 주요 유적지를 돌아 볼 수 있었다. 연수가 끝난 후 학생들은 로마로 가서 그룹별로 흩어져 유럽 여행을 하고 귀국했다.

1995년과 1996년 두 해 여름을 이스라엘에서 지내면서 성서고고학과 관련된 지역을 돌아보고, 요르단과 이집트의 주요 지역도 방문했던 것은 나에게 매우 소중한 경험이었다. 이 지역의 답사는 성경을 읽고 이해할 때 매우 도움이 되었다. 그러나 계속해서 여름을 이스라엘에서 지내기는 어려웠다. 에꼴 비블릭은 훌륭한 성서학 도서관이 있었지만,

내가 연구하는 신구약중간시대의 자료가 부족했기 때문이다. 또한 이스라엘 텔아비브에 있는 공항의 검색에 질려서 더 이상 가고 싶지도 않았다. 공항에서 검문검색을 한다고 하면서 이제 막 고등학교를 졸업한 군인들이 2시간 정도 계속 똑같은 질문을 하면서 물어보는데, 내가 왜 이런 나라에 와서 이런 고생을 해야 하는지 회의가 들고 화가 나서 더 이상 가고 싶지 않았다. 그것은 테러 방지를 위한 검문검색을 넘어서 고문이었다.

신구약중간시대 분야의 논문을 쓸 때에는 내가 공부했던 버클리 GTU(Graduate Theological Union) 도서관으로 갔다. 이곳은 내게 필요한 자료들이 대부분 있었고, 오랫동안 생활했던 곳이기 때문에 익숙하고 편리했다. 박사과정에서 배웠던 존 엔드레스(John Endres) 교수님이나 데이빗 윈스턴(David Winston) 교수님 등과 만나 학문적인 대화를 나누며 논문에 관한 조언을 구하기도 좋았다. 영어 논문을 완성하고 평가를 부탁했을 때 기꺼이 읽어주시고 코멘트를 해주셔서 많은 도움이 되었다.

2000년 창세기 주석을 쓸 때 캐나다 밴쿠버신학대학원(Vancouver School of Theology)의 도서관에서 두 달 정도 지냈다. 기독교학과의 이문균, 조용훈 교수님은 함께 갔다가 먼저 떠났는데, 혼자 더 있으면서 요셉 이야기를 주석하며 지루하고 힘겹게 지냈다. 특히 1주일 동안 해가 뜨지 않고 비가 계속 올 때는 정말 견디기 힘들었다. 여름방학 중 미국의 학회에 참석할 때는 근처 신학교의 도서관에서 지냈다. 오하이오의 감리교신학대학원(Methodist Theological School in Ohio) 도서관이나 프린스턴신학대학원(Princeton Theological Seminary)의 도서관은 미국 가톨릭성서학회에 참석할 때 한 달 정도씩 지냈다. 거의 10여 년을 여름

방학마다 해외 도서관에 다니느라 가족들과 여름 여행을 제대로 하지
못해 미안하고 아쉬웠다.

나의 연구 분야

내가 국내 대학원에 다닐 때 관심 분야는 고대 이스라엘의 초기
역사로 왕조 이전의 역사였다. 이 시대는 신정정치가 시행되던 때로
하나님의 역사 개입이 매우 직접적이고 강력했다고 여겼었다. 그리하
여 연세대 석사논문으로는 가나안 정착의 이론에 관한 논문을 썼고,
장신대 신대원 석사논문은 사사 직분에 관한 논문을 썼다. 미국에 유학
하러 가서도 이스라엘 초기 역사를 공부하고 싶었는데, GTU로 박사과
정을 갈 때에 고대 이스라엘의 초기 역사를 다루는 마빈 체이니(Marvin
Chaney) 교수님이나 로버트 쿠트(Robert Coote) 교수님과 공부하는 것을
염두에 두었다. 그러나 공부하면서 점차 깨닫게 된 것은 고대 이스라엘
의 초기 역사를 연구하기가 쉽지 않다는 것이었다. 자료도 부족하고
고고학적 발굴 결과도 한계가 있어서 박사학위논문을 쓸만한 주제나
내용을 찾기가 쉽지 않았다.

이런 상황에서 GTU에서 신구약중간시대 성서 해석에 관심이 많은
존 앤드레스(John Endres) 교수님을 만났다. 이스라엘에서 연구년을 마
치고 복귀하여 히브리어 성서 원전 강독을 가르치셨는데, 사무엘서를
함께 읽다가 그의 연구 분야에 점점 관심을 갖게 되었다. 사실 신구약
중간시대 문헌은 예일대에서 차일즈(B. S. Childs) 교수님의 외경과 위경
수업을 들을 때 처음 제대로 접했다. 수업을 들으면서 영어로 된 방대

한 유대교 문헌들을 읽고 이해하기가 쉽지 않았다. 그렇지만 '암흑기'로만 알았던 신구약중간시대에 유대교와 기독교의 역사를 이해할 수 있는 문헌들이 많이 있다는 것에 놀랐다.

신구약중간시대의 성서 해석에 관심을 가지면서 학위논문을 쓸 분야를 정해야 했다. 유대교 랍비면서 알렉산드리아 필로 연구의 대가이신 데이빗 윈스턴(David Winston) 교수님의 수업을 들으면서 『솔로몬의 지혜서』(Wisdom of Solomon)에 관심을 갖게 되었다. 윈스턴 교수님은 솔로몬의 지혜서의 주석을 앵커 바이블(Anchor Bible)에서 출판하셨는데, 걸작으로 평가받고 있었다. 그렇지만 워낙 조용하고 말이 없으시며 랍비 특유의 위엄이 있으셔서 대하기가 쉽지 않았다. 또한 내가 가지고 있는 이 분야에 대한 지식이 매우 부족해서 깊이 있는 대화를 나누기도 어려웠다.

솔로몬의 지혜서 연구를 학위논문 주제로 결정하자 문제가 생겼다. 이 책이 '클래식 그릭'(Classic Greek)으로 쓰인 책이라 이에 대한 문법을 공부해야 했다. 클래식 그릭은 '코이네 그릭'보다 문법이 더 복잡하고 어려웠다. 이 문제를 해결하기 위해 여름방학 동안 버클리대학 고전학과에서 썸머스쿨에 개설하는 10주간의 클래식 그릭(Classic Greek) 문법을 공부하면서 방학이 끝날 때까지 솔로몬의 지혜서 원전을 파싱(Parsing)하면서 완독했다. 지금도 그때 파싱한 노트를 보면 긴장하면서 공부했던 순간들이 떠오른다.

솔로몬의 지혜서 연구에 도움 받기 위해서 버클리대학(UC Berkeley)의 고전학과(Classics Department) 솨디 바취(Shadi Bartsch) 교수님(현재 시카고대 교수)과 고대 그리스 수사학과 후기 구조주의를 공부하기도 했다.

이것은 나의 성서 해석 방법론 구축과 학위논문 작성에 매우 도움이 되었다. 특히 고대 그리스 수사학을 공부할 때 소크라테스, 아리스토텔레스, 키케로 등의 수사학 관련 책을 읽었는데, 기독교 역사에 이들의 영향이 컸다는 것과 설교학은 수사학에서 많은 것을 빌려왔다는 것을 알 수 있었다. 박사학위 논문은 1994년 6월 통과되었고, 영국의 쉐필드 대학교출판사(Sheffield University Press)에서 2년 정도 심사 과정을 거친 후에 1997년 여름 출판되었다.

한남대 교수로 있으면서도 신구약중간시대의 성서 해석에 관한 논문을 영어와 한글로 계속 써서 발표했다. 이 분야는 학부의 교육 범위 밖이라 강의를 개설할 수 없었지만, 얼마 있지 않아 대학원 석사과정이 개설되고, 2년 뒤 박사과정이 신설되면서 이에 대한 강의를 개설할 수 있었다. 그러나 이에 대한 자료가 국내에 부족했기 때문에 학생들이 이를 주제로 학위논문을 쓰기는 어려웠다.

솔로몬의 지혜서는 지혜문학에 속하기 때문에, 지혜문학에 관한 연구도 계속했다. 이에 관한 연구 논문들을 중심으로『지혜전승과 지혜문학』이라는 책도 출판했는데, 지혜문학의 시각에서 성서를 읽고자 하는 시도였다. 구약성서는 오랫동안 오경과 예언서 중심으로 읽혀져 구약신학에서 '구속사', '계시', '역사', '율법' 등이 부각되었고, 성문서에 속한 책들의 사상이나 관점, 특히 '지혜', '고통', '삶의 불합리성' 등의 문제를 도외시하는 경향이 있었다. 지혜문학의 시각에서 성서를 읽고자 하는 시도는 바로 이러한 문제를 극복하려는 것이었다.

사실 성서는 인간의 지혜를 모아놓은 책이다. 신앙적으로 표현하면 하나님께서 인간에게 계시하신 말씀이지만, 인간의 편에서 보면 인간이 깨달은 지혜의 산물이다. 성서의 지혜문학을 연구하면서 한국의 지혜문학에도 관심을 갖게 되었다. 한국의 민담이나 전설, 신화 등 고대 문헌들에 담긴 지혜를 성서와 연결시켜 새로운 성서해석에 도움이 되는 길을 찾고자 하는 시도였다. 롯의 아내 이야기나 입다의 딸 이야기, 밧세바 이야기 등을 한국의 민담과 연결시켜 해석하는 논문을 영어로 써서 학회에서 발표했는데, 성서의 문화적 해석이나 토착화신학 등의 분야에서 관심을 보였다.

한국교회의 근본주의적인 성서 해석은 나로 하여금 종교 개혁자 칼뱅(John Calvin)의 성서 해석에 관심을 갖게 했다. 칼뱅은 근본주의자였는가, 근본주의의 뿌리는 칼뱅인가, 한국교회의 성서해석은 왜 이렇게 근본주의를 바탕으로 하는가? 이런 질문들과 함께 칼뱅 주석을 읽으면서 공부했다. 그 결과 칼뱅이 개신교 근본주의와 전혀 관계가 없다는 것을 알았을 때는 충격적이었다. 특히 한국교회 근본주의에 커다란 영향을 주었던 미국 남장로교 선교사 레이놀즈(한국명 이눌서)를 연구하면서 미국 장로교회가 20세기 초까지 17세기 개신교 정통주의를 칼뱅의 사상으로 오해했다는 것을 알 수 있었다. 레이놀즈의 유품은 한남대 박물관에 보관되어 있는데, 박물관에서 그의 유품을 볼 때마다 선교사의 생각이나 사상이 후대 교회 역사에서 얼마나 중요한지를 생각할 수 있었다.

다문화사업단 운영

한남대에 있으면서 여러 직책을 맡아 일을 했다. 기독교학과 학과장, 교목실장, 학제 신학대학원장, 인돈학술원장, 대학교회 담임목사, CK-1 글로컬다문화인재양성사업단장(이하 다문화사업단장) 등과 신앙지도위원, 기획위원, 교무위원, 인사위원 등으로 각종 위원회에 참여했다. 학교 일을 하면서 아쉬웠던 것은 연구하는 시간을 많이 빼앗긴다는 것이다. 각종 회의와 보고서 작성, 설교 준비 등은 연구에 집중하기 어렵게 했다. 이 중에서도 다문화사업단 운영은 우리 학과 발전에 큰 역할을 했다고 생각한다. 이 사업은 교육학과와 공동으로 운영했는데, 지방대학 육성사업(CK-1)에서 국고지원을 받아 학생들의 다문화 역량 교육을 시킬 수 있었다.

사실 나는 이 사업단을 후배 교수들이 맡아서 해주기를 원했다. 계재광, 최영근 두 교수는 이 사업단을 시작하기 위해 다문화 인재 육성에 대한 아이디어를 내고 타 학과와 공동 운영을 하기 위해서 적극적으로 타 학과와 접촉을 하였다. 타 학과와 공동 운영은 이 사업의 필수조건이었지만 타 학과의 동의를 얻기는 쉽지 않았다. 타 학과 교수들 사이에서는 기독교학과와 함께 사업단을 꾸려서 선정될 수 있겠느냐는 의견들이 지배적이었기 때문이었다. 다행히 교육학과가 함께 하겠다는 의견을 주어 사업을 추진할 수 있었다. 학교에서 이 사업을 지원하겠다고 결정을 한 후 내가 사업단장을 맡아야 한다는 강력한 요청이 있었다. 이제 다시 연구도 하고 휴식도 하고 싶었지만, 두 학과가 공동으로 운영하기 위해서는 기독교학과의 연륜 있는 교수 중에서 단장을 맡아야 한다는 것이다.

사업단장으로서 해야 하는 첫 번째 임무는 CK-1 사업에 최종 선정될 수 있도록 보고서를 작성하고, 대면 심사 프레젠테이션을 하여 심사를 통과하는 일이었다. 전국 대학에서 CK-1 사업에 제출한 지원서 경쟁률은 4:1 정도였는데, 우리가 과연 선정될 수 있을지에 대한 확신은 없었다. 마지막에는 거의 1주일 동안 밤늦도록 100여 쪽에 달하는 보고서를 작성하여 제출하였다. 안예은 조교가 열심히 도와주었다. 대면 심사에서는 10분 정도의 프레젠테이션과 질의응답이 있었다. 2014년 6월 다행히 우리 사업단이 선정되어 5년 동안 매년 3억 원씩 총 15억 원의 사업비를 지원받아 다문화 사업을 운영할 수 있었다.

사업단 운영은 쉬운 일이 아니었다. 무에서 유를 창조한다는 생각으로 다문화에 관한 공부를 하면서 이와 관련한 교육 프로그램을 실질적으로 운영해야 했다. 또한, 매년 보고서를 작성하고 평가를 받아야 지원을 계속 받을 수 있었기 때문에 긴장의 시간이었다. 다행히 미국에 유학하면서 다문화에 대한 사고를 어느 정도 가지고 있어서 이를 활용할 수 있었다. 또한 해외 선교사님들의 도움이 컸는데 태국의 김장원, 베트남의 김덕규, 미국의 박숭현, 대만의 권상덕 선교사님이 학생들의 현장학습을 도와주었다. 미국 장로교(PCUSA)의 뉴욕 스토니포인트센터(Stony Point Center)와 LA 영락교회 등의 도움도 있었다. 학생들을 해외 현장에 보내기 위해서는 인솔 교수와 함께 현장을 미리 답사하여 프로그램과 안전 문제 등을 점검해야 했다. 해외 프로그램이 안전하게 마무리되어 감사한 마음이다.

교육학과 학생들의 경우 비기독교인 학생들도 이 프로그램에 참여했는데, 선교사들의 활동에 감동하여 교회에 다니기 시작하거나 프로그램이 끝난 후 선교 현장에 다시 돌아가 선교사들을 돕는 역할을 하기도 했다. 또한, 캠퍼스 타운에 다문화 카페 '꿈아시아' 창업과 운영을 지원하기도 했고, 「다문화 리더십」이라는 잡지를 출간했으며, 대전시 교육청에서 실시하는 '찾아가는 다문화교육사업'을 수주하여 초·중학교 학생들에게 다문화 교육을 하기도 했다. CK-1 사업이 끝난 후에도 이 프로그램은 '다문화교육사업단'이란 이름으로 지속되었는데, 2024년 2학기까지 단장을 계속 맡았고, 이후에는 교육학과에서 주도하고 있다.

다문화사업단을 운영하면서 우리 사회의 현재와 미래를 위해 다문화 교육이 매우 중요하다는 것을 알 수 있었다. 인구가 줄어들고 외국인들이 점점 더 늘어나는 현실에서 다문화에 대한 올바른 인식이 없이는 국민 통합도 이룰 수 없고, 사회적 갈등과 편견의 문제가 발생할 수 있다. 다문화 교육은 일찍 받을수록 좋다. 그만큼 편견이 줄어들고 타문화에 대한 인식이 넓어지기 때문이다. 학생 때 다문화에 대한 인식이 바로 서지 않으면 사회에 나가서 타문화나 타인종, 타종교에 대한 편견이 사회활동을 하는 데 장애가 될 수 있다. 특히 기독교학과 학생들이 목회자나 선교사가 되어 활동할 때 다문화에 대한 이해가 깊다면 다문화가정이나 다문화 학생, 외국인 등에게 유용한 도움을 줄 수 있을 것이다. 이런 의미에서 우리 학과 학생들의 다문화 교육은 매우 중요한 미래 투자 블루오션이었다고 여겨진다.

글을 맺으면서

지난 31년을 한남대 기독교학과에서 교수로서 연구하며 가르쳤다. 기독교학과 학부와 대학원의 석박사 과정 그리고 학제 신학대학원의 석사과정과 교회 지도자 과정에서 수업을 하면서 학생들을 만나고 교류하면서 많은 것을 배웠다. 학부에서는 30여 년 동안 학생들의 성향이나 사고가 시대에 따라 변화하는 것을 알 수 있었다. 30년 전 학생들과 20년 전 학생들, 10년 전 학생들 그리고 현재 학생들의 사고가 변하여 차이가 나기 때문에 이들에 맞추어서 내 생각과 사고방식도 변해야 했고, 가르치는 방식도 바꿔야 했다. 30년 전에는 권위주의 사회에서 성장한 학생들에게 미국에 유학하면서 배운 민주주의와 자유의 분위기 속에서 교육하고자 했다. 그러나 10여 년 전부터는 풍요로운 사회에서 성장한 학생들이 미래에 어떻게 살아야 하는지에 대해서 고민하면서 가르쳤다. 그렇지만 성서에서 가르치는 사랑과 정의의 정신은 시대가 변하면서 새롭게 해석되고 이해되어 우리의 삶과 사회에 적용되어야 한다고 강조했다. 31년 동안 매년 학부의 전공 필수로 구약의 예언서를 가르쳤는데, 예언자들의 사상과 삶은 이를 반영한다.

대학원의 석박사 과정의 학생들은 대부분 목회자였기 때문에 수업에서 성서의 목회 적용에 관심을 기울였다. 목회자들은 매 주일 설교에 대해 고민하기 때문에 성서해석과 설교에 대해 강의하고자 했다. 이를 위해서는 학생들의 신학적 사고의 전환이 필요했지만, 근본주의적으로 굳어진 사고의 틀을 변화시키기는 쉽지 않았다. 근본주의적인 성서해석에 대해 비판적인 강의를 할 때 극히 일부 학생들은 공개적으로 반발하기도 했고, 많은 목회자는 그러면 어떻게 목회할 수 있겠느냐는 걱정을 하기도 했다. 이에 대해 나는 다른 사람이나 목회 걱정하지 말고 먼저 자신의 성서관을 정립하라고 했다. 그러면 내가 변하고 나의 설교와 목회가 변하며 결국 교인들이 변하기 때문이다. 이것은 나의 목회 경험이기도 하다. 오늘날 교회의 문제는 잘못된 성서관 때문에 일어나는 것이 아닌가?

석박사 논문을 심사할 때도 문제가 있었다. 성서학 이외의 전공 분야 학생들이 논문을 쓸 때, "성서적 관점"이라는 내용을 넣고 싶어 했다. 예를 들면, "OO의 성서적 이해", "OO의 성서적 근거", "OO의 성서적 견해" 등이다. 이와 관련된 성서 주석이나 성서학 관련 최신 논문을 제대로 읽지 않고 학문적 근거가 부족한 2차 자료를 인용하여 쓴 내용은 성서학자로서 받아들일 수가 없어 논문 심사 과정에서 수정하거나 빼게 했다.

내 수업을 듣는 대부분의 학생은 새로운 학문적 관점과 신학적 해석을 열심히 배우고자 했다. 그동안 알고 있었던 신앙이나 신학적 내용을 점검하면서 자신의 신앙과 목회의 문제를 고민하기도 했고, 앞으로 어떻게 신학적 사고를 만들어야 하는지 생각하기도 했다. 특히 장로, 권사, 집사 등이 참여하는 교회 지도자 과정의 경우 더 적극적으로 이러한 내용을 배우고 싶어 했다. 교회에서는 접할 수 없던 내용이고 신앙적 질문에 대한 해답을 찾고자 했기 때문이다. 어느 장로님은 보수적인 교단의 총회 총대로 회의에 참여했다가 성경과 관련된 문제가 나오자, 나의 강의에서 배운 내용을 제시하며 발언하여 좋은 결과를 도출했다고 말하기도 했다. 어떤 목사님은 근본주의 신앙의 문제를 자녀들과 대화하면서 자녀들이 오히려 아빠의 새로운 관점을 좋아했다고 말하기도 했다. 목회자의 자녀로서 답답했는데 해방된 느낌이라고도 했다.

밀알 하나가 땅에 떨어져서 죽지 않으면 한 알 그대로 있고, 죽으면 열매를 많이 맺는다(요 12:24).

이 구절은 나의 삶에 큰 영감을 준 말씀이다. 우리가 한 알의 밀알로 죽을 때 하나님 나라 실현에 아주 작은 힘이라도 보탤 수 있다는 믿음이다. 십자가에서 한 알의 밀알로 죽으신 예수님의 가르침이 나의 선생님들을 통해 전승되어 나의 삶에서 부활하여 적용되듯이, 나의 제자들과 그들의 제자들을 통해서도 계속 부활하여 이어지기를 간절히 기원한다.

그동안 함께 해준 학생들과 동료 교수들에게 감사의 마음을 전하며 모든 영광 주님께 돌린다!

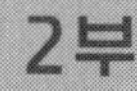

2부

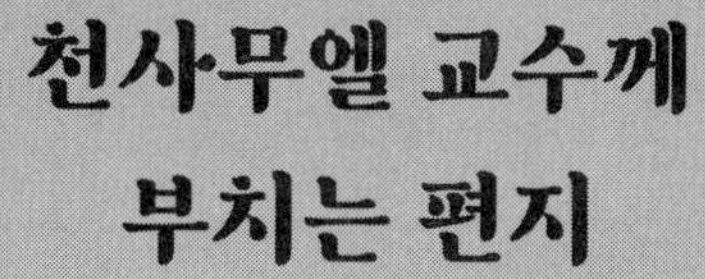

천사무엘 교수께
부치는 편지

천사무엘 교수님과 나

| 00학번 |

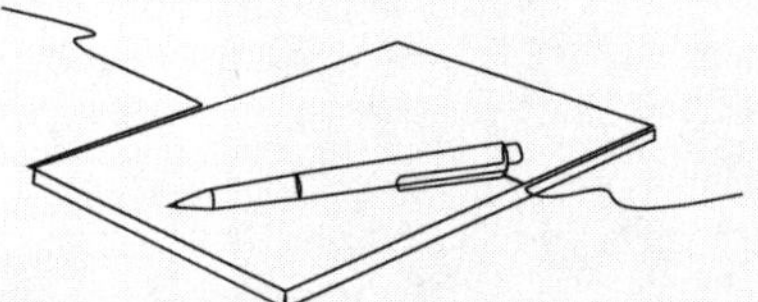

빛나는 제2막을 준비하시는 목사님께

조 성 희

00학번, 기독상담사, 한남대 초빙교수

2000년 대학생이 되었다. 입학과 동시에 대학생의 기분을 누리고 싶어서 오렌지색 브릿지를 넣고 학교에 갔는데… 교수님께 크게 혼나고 바로 그날… 검은색으로 다시 염색했다. 큰맘 먹고 거금을 들여 했는데, 단 하루 만에 끝! 그 어느 곳에서도 외면과 내면이 모범이 되어야 한다는 말씀과 함께 정장 착용과 화려한 장신구(액세서리-십자가) 금지령! "요즘 시대가 어느 시대인데!" 하면서도 천사무엘 목사님의 말씀에 순종해야 한다는 선배들의 목소리와 함께 1학년의 생활이 시작되었다.

그 어느 곳에서도 외면과 내면이 모범이 되어야 한다는 말씀은 제가 기독교 상담자로 활동하는 현장에서도, 학생들을 가르치는 학교에서도 늘 적용하고 있습니다. 상담자로서 화려한 모습은 삶 속에서 상처 입은 내담자들에게 자신을 돌볼 수 없는 상황에서의 상대적 박탈감을 느낄 수 있기 때문에 수수하지만, 초라해 보이지 않으며 복장을 통해서 위로를 줄 수 있는 방법으로 연결시켜 활동하고 있습니다. 재난 현장으로 갈 때에는 원색이 아닌 무채색으로 상담자가 도드라져 보이지 않도록, 아이들과 함께 하는 현장에서는 기운을 북돋을 수 있는 채색이 잘 어우러진 복장으로 가면서 소통하고자 노력하고 있습니다.

또한, 내면의 성숙을 위해서는 끊임없이 말씀 묵상 훈련과 신앙 성장을 위한 영성 훈련도 해 나가도 있습니다. 학생들을 가르치는 현장에서는 내면의 성숙을 위한 자기 관리가 게을러졌을 때 바로 틈이 벌어진다는 것을 자각하게 되는 곳인 것 같습니다. 목사님께서 끊임없이 책을 읽으며 틈이 날 때마다 글을 써 내려가는 훈련을 해 가야 한다고 말씀해 주셨던 충고를 기억하고 있습니다. 책을 읽어나가며 현장에 어떻게 적용해 나갈지 교수법을 연구하며 자료를 만들어가기 시작했고, 그 시간들이 겹겹이 쌓인 노력이 후배들에게, 학생들에게 흘러가고 있습니다. 감사합니다. 목사님.

2000년 입학과 동시에 시작된 창세기 1장부터 50장을 달달달달 외워야 하는 '현대인과 성서' 시간… 가로 안에 넣어야 하는 단어들과 성경 인물들의 이름, 지명 등등 정말 1학년 최대의 위기를 경험했던 시간들이었다. 학년이 올라가면서 '성서히브리어', '예언서 연구', '성문서 이해' 과목을 들으면서 성서를 읽어 내려가는 것이 가장 쉬웠음을 지나고서야 알게 되었지만, 원래 가장 힘든 건 그 당시였기 때문에 그냥 다 힘들었다.

목사님께서 1학년 입학생들에게 숙제로 내주셨던 말씀! 기독교학과 학생이라면 모두 다 알고 있는 그 말씀! "중앙도서관에 가서 2시간씩 엉덩이 붙이고 앉아 있어! 엉덩이 힘을 기르려면 그만한 것이 없다."

"설마 정말 찾아오시겠어?" 했는데, 정말 도서관에 오셔서 어깨 툭 치고 가셨던 그날을 잊을 수가 없어요. 동기들과 선배들 나란히 책을 놓고 졸고 있는데, 목사님께서 어깨를 치시더니 정말 환한 미소로 웃고 가셨거든요. 완전 그때는 졸음이 다 날아가 버릴 정도로 화들짝 놀랐었는데, 지금 생각해 보면 정말 우리를 사랑으로 지켜보셨음을 깨닫게 되는 장면 중 하나입니다. 앉아 있는 훈련이 되어야 한다는 말씀은 지금 제 딸에게도 적용하고 있습니다. 11살이 된 지온이에게, 집중력이 참 아쉬운 부분인데 공부를 할 때 눈앞에 모래시계를 놓고 다 흐를 때까지 앉아 있기를 연습시켰던 시간들이 있습니다. 초등학교 입학과 동시에 30분에서 1시간, 1시간에서 1시간 30분 점점 늘려가는 시간들이 어려운 문제가 나와도 끝까지 풀려고 하는 지구력으로 연결되더라고요. 엄마가 된 제가 "엄마가 대학교 1학년 때 목사님이 이렇게 하셨어!" 하면서 연습 시간을 같이 해올 수 있었어요. 감사해요, 목사님.

대학 졸업 후, 장학조교를 하며 대학원 생활을 하던 때였다. 석사과정을 일과 함께 공부를 병행한다는 것은 정말 정신을 늘 어느 한곳에 빼놓고 다니는 것과 같았다. 대학원생 목사님들과 다른 학생분들의 학사관리를 담당해야 했던 과정에서 실수가 반복적으로 나오고, 목사님들께 계속 혼나는 상황에서 천사무엘 목사님의 '공포의 빨간펜'은 나갔던 정신머리를 집으로 빨리 끌고 들어오는 부메랑과 같았다. 수화기 너머로 공문 처리에서 조사하나가 틀리면 언어 전달이 잘못될 수 있다는 것을 설명해 주시면서 빨리 수정해서 다시 제출하라고 하시는 말씀에 모든 세포들이 긴장해서 다시는 실수하지 않으리라는 결심을 하게 되었다.

제대로 된 일 처리가 무엇인지를 배웠던 시간들이었습니다. 지금에 다시 떠올려 본 장학조교 시절은 학생으로 그 어디보다 안전한 공간에서 일을 배우며 학업을 이어갈 수 있도록 배려해 주신 부분이었는데, 그때는 뭐가 그렇게도 서툴고 배워야 할 것들이 많았는지 헤매기도 했지만, 가장 크게 배웠던 시간이었다는 것을 알게 됩니다. 그때의 일머리로 단국대에서, 한국잡월드에서 근무하는 동안 '일 잘하는 사람'으로 지낼 수 있었어요. 고용노동부 산하기관에서 일하는 부분이었던 것이라 공무원들과 소통해야 될 때도 공문 양식에서 사용해야 하는 언어와 일상의 언어의 구분이 확실해야 한다는 것을 알고 있었기 때문에 가능했겠죠? 공부만 했던 사람이 공문 처리 방식이나 함께 일하는 사람들을 대하며 관리하는 방법들을 어떻게 잘 알고 있냐고 칭찬 아닌 칭찬을 들을 때면 '공포의 빨간펜'을 떠올리곤 했습니다. 감사합니다, 목사님.

아이 임신과 출산으로 학교를 잠시 떠나 있다가 다시 돌아가게 된 학교는 그냥 친정집과 같았다. 복귀와 함께 시작된 박사학위를 위한 논문의 과정은 가장 많은 눈물을 흘리게 했던 시간이었다. 일주일에 4일 배정받은 강의를 감당하며 논문을 써 내려가는 과정은 숨이 턱까지 차올라서 어떻게 해 나가야 할지 막막했지만, 막막하다고 해서 멈출 수도 없는 부분이었다. 천사무엘 목사님께서 심사 위원장을 맡아주신다는 학과 사무실의 연락에 "아…나 논문 끝까지 갈 수 있을까…"를 되내였던 순간이었기도 했다. 논문 지도에 있어서 무엇보다 학자로서의 시선과 관점으로 칼 같으셨던 천사무엘 목사님… 디펜스를 해 나가는 과정에서 떨지 않고 끝까지

해 나가야 할 텐데… 수많은 걱정을 끌고 목사님의 연구실에 들어가 논문을 드렸을 때, 목사님의 첫 마디에 모든 것이 다 와르르 쏟아져 내렸다. "많이 힘들었지! 그런 와중에도 많이도 썼네. 왜 말을 안 했어. 힘들다고 힘들었다고 말을 하지. 걱정하지 마."

목사님… 하루에 2시간 이상 자 본 적이 없었던 그 시간에, 이 악물고 살아내야 했던 그때에, 제가 할 수 있었던 것은 '버티는 것!' 딱 하나였어요. 힘들다고 투정 부릴 곳도 없었고, 강의하는 사람이 흔들리는 모습으로 캠퍼스를 돌아다닐 수도 없었기에 서 있으면 강의하고, 앉아 있으면 논문을 쓰던 시기였습니다. 배부르면 졸릴까 봐, 머리라도 기대면 잠들까 봐 항상 긴장 상태였는데, 마구 써내려 간 논문을 들고 연구실에 들어간 그 자리에서 목사님께서 해 주셨던 말씀은 저를 그냥 주저앉아 울게 했던 시간이었습니다. 아무도 모르는 곳에서 울고, 아무 일도 없었던 것처럼 살았었는데, 처음으로 학교 안에서 소리 내어서 울 수 있었어요. 그 자리를 지켜주시다가 더 울라고 크리넥스 한 통을 제 앞에 놓아주시고선 연구실 밖으로 나가주셨던 목사님. 저 그날 시원하게 울고 논문 마무리할 수 있었습니다. 논문이 세상 밖으로 나올 때까지 심사 과정에서부터 끝까지 버팀목이 되어 주시고, 격려해 주셨던 그 장면들을 잊을 수가 없어요. 논문 심사를 받으면서 긴장도 많이 했지만 가장 따뜻했어요. 그때 외부 심사위원으로 함께 해 주셨던 교수님께서 나중에 말씀해 주시더라고요. 제가 학교에서 어떤 사람으로 성장해 왔는지, 일하는 과정에서 모범이 되어줬던 모습이 어디서 흘러나오게 되었는지 다 알 수 있었던 논문 심사 기간이었다고 하시고, 은사님이 계시는 곳에서 공부를 하며 일을 하는 동료로 존중을 받는 절 보시면서 참 부럽다고 해 주셨어요. 감사해요, 목사님.

2008년부터 시작된 강의실에서 학생들과 호흡이 조절이 잘 되는 것 같다가도 거칠어질 때면 학생들에게 잔소리를 하는 시간이 많아지는 날, 뒤돌아보며 "학생들을 향한 마음이 이렇게 변해가면 안 되는데…"를 반복적으로 읊조리게 된다. 그럴 때마다 목사님께서 청해주신 식사 시간은 마냥 학생이 되어서 투정 부리는 사랑방이 되었다. 식사를 함께 하며 토닥거려 주시고, 목사님의 노하우를 전수받는 1 대 1의 과외 시간이었다. 은사님과 함께 하는 직장 생활의 최고 축복이 아닐까 싶다.

상상도 해 보지 못했던 목사님의 은퇴. 언제나 그 자리에 계셔주실 것이란 당연한 생각에 이렇게 써 내려가면서도 어떻게 마음을 정리해서 목사님께 전해드려야 할지를 고민하고 또 고민했던 것 같습니다. 학생으로 지내왔던 시간이 더 많았던지라 캠퍼스에서는 그저 철딱서니 없는 학생으로만 지내고 싶었나 봐요. 그럴 때마다 많은 분들이 제가 위치하고 있어야 하는 역할에 이름을 붙여 '조 선생', '조 박사', '조 교수'라 불러주셨어요. 그런데 목사님은 한결같이 "성희야~"하고 이름으로 불러주셨어요. 그게 너무 좋았어요. 이름에 따라 다르게 정체성을 바꿔서 삶의 질문에 답을 해 나가야 하는 순간마다 막연함과 싸우고 정답이 아닌 오답과 씨름하며 어떻게 해 나가야 할지 막막할 때마다 언제나 열리는 문으로 계셔주셨던 목사님! 감사합니다.

삶의 여정에서 날이 저무는 시간을 맞이하고 계시는 목사님. 저희가 목사님께 들판에 펼쳐진 무르익어가고 있는 곡식으로 보이실까요?

아직도 너무나 빈약하고 부족해서 더 많은 가르침과 사랑을 받아야만 할 것 같은데, 추수할 때가 이르지 않아서 조금만 더 기다려주시면 안 되는지를 매달리고 싶은 심정입니다.

제자된 삶으로 아직도 성장 중이라 죄송한 마음 가득입니다. 말씀을 듣고 누군가의 앞에서 입술을 열어 전해야 한다는 것이, 이렇게도 많은 고민과 외로운 시간의 연속이라는 것임을 갈수록 더 깨닫게 되는 것 같아요. 저희에게 끝없이 말씀해 주셨던 삶을 향한 태도와 집념을 포기하지 않고 지켜나갈게요. 지나온 시간들 가운데 저희가 후회하지 않도록 삶을 열어 꺼내주셨던 이야기들을 기억하고 있습니다. 앞서 걸어가 주셨던 그 길을 따라가는 제자로서, 다음 세대를 향한 연결 통로로서, 저를 드러내지 않고 오직 주님의 영광만이 빛날 수 있도록 애쓰는 사람으로 살겠습니다.

목사님께서 한남대학교 기독교학과에 계셨다는 것은 우리 학교에 큰 축복이었습니다. 그 축복을 누렸던 세대로 정말 진심으로 감사드립니다. 앞으로 열매 맺어지는 저희들을 지켜봐 주시고, 다디단 열매들의 소식을 전해 들으셨을 때 기쁨 가득하실 수 있도록 최선을 다하겠습니다. 또한, 은퇴를 'Re-tire'로 재해석하여서 새 신발을 신고 사모님과 함께 더욱 건강하고 재미있는 축복된 삶으로 제2막을 맞이하셨으면 좋겠습니다. 목사님! 감사하고 감사합니다. 사랑합니다.

2025. 4. 25.
아픈 손가락 조성희 올림

단 한 번의 만남, 깊은 울림

홍근영

01학번, 숲마음교회 담임목사

프롤로그: 두려움 속 첫걸음, 새로운 바다로

2001년, 한남대학교 기독교학과에 입학하며 저는 신학이라는 새로운 세계로 발을 내디뎠습니다. 신학교를 다니면서도 '신학'이라는 단어가 주는 무게는 항상 저를 긴장하게 했습니다. 그 무게는 새로운 도전과 설렘으로 다가오기도 했지만, 한편으로는 "과연 내가 잘할 수 있을까?" 하는 두려움을 안겨주기도 했습니다. 그런 저에게 2학년 1학기 때 천사무엘 교수님의 '예언서 연구'라는 과목이 딱 그런 심정이었습니다. 첫 시간인 O.T 시간에 "모든 수업이 영어와 원서로 진행된다"라는 말은 당시의 저에게 넘지 못할 벽처럼 느껴졌습니다. 어렵사리 등록을 하면서도, "혹시 도중에 포기하게 되는 건 아닐까?" 하는 생각이 끊이지 않았습니다. 그런데 막상 강의에서 만난 교수님은 그 벽을 조금씩 허물어 주셨습니다. 정갈하고 차분한 말투, 그러나 진중하면서도 깊은 울림이 있는 강의. 그 첫인상은 제 마음에 분명한 흔적을 남겼습니다. 시작은 교수님도 어려웠고 수업도 어려웠지만, 교수님은 뒤처지는 학생들의 수준도 배려해 주시며, 수업의 강도도 조절해 주셨습니다. 하지만 강의는 항상 전진하는 긴장을 유지하셨습니다. "이 수업, 끝까지 해 보고 싶다." 그렇게 저는 제 두려움과 정면으로 맞서 보기로 했습니다.

매주 이어진 나와의 싸움 그리고 깨달음

매주 수업과 과제는 나와의 싸움이었습니다. 처음부터 끝까지 영어 원서로 신학 텍스트를 읽고 해석하는 것, 그건 단순히 언어의 문제가 아니었습니다. 그 안에 담긴 신학적 의미와 역사적 맥락을 이해하고 적용하는 것까지 포함된 일이었습니다. 수업도 수업이지만 수업을 위해 준비하는 시간이 더욱 많은 시간을 소요하게 하였습니다. 그러던 중 수업 중에 교수님께서 한 번 성경의 중간사에 대한 언급을 하셨습니다. 중간사(中間史), 즉 구약과 신약 사이의 시대를 말하는데, 성경에 기록되지 않는 시대이기에 가려져 있는 시대, 중요하지 않는 시대라고만 생각했었습니다. 교수님은 유대 역사의 흩어짐과 모임, 헬레니즘 세계 속에서 이스라엘 민족이 겪은 정체성의 위기 그리고 그 속에서도 하나님의 일하심이 지속되었던 시간들에 대한 내용을 말씀하셨습니다. 특히 기억나는 한 구절이 있습니다. "Though silent, God remained sovereign." (비록 침묵하셨지만, 하나님은 여전히 주권자이셨다). 이 한 줄을 읽으며 저는 하나님의 침묵이 곧 부재가 아님을 깨달아 갔습니다. 그리고 그 중간사를 통해 구약과 신약이 연결되었다는 깨달음을 얻었습니다. '침묵'과 '연결', 두 단어에 대한 새로운 접근과 관점은 지금까지 제 목회의 균형성과 건강성을 지켜가는 중요한 축이 되고 있습니다. 천사무엘 교수님의 '예언서 연구' 강의는 단순히 학점을 위한 노력이 아니었습니다. 나 자신과의 싸움, 신앙의 뿌리와 씨름하는 여정이었습니다. 때로는 과제가 밀리기도 하였고, 포기하고 싶은 순간도 있었지만, 그때마다 교수님의 차분하고 흔들림 없는 명확한 메시지를 담은 강의가 저를 다시 일으켜 세웠습니다.

스승의 배려와 기다림, 은혜의 교육

무엇보다도 감사했던 것은 천사무엘 교수님의 배려와 기다림이었습니다. 그분은 성취력이 늦춰진 학생들, 그럼에도 노력하는 학생들을 포기하지 않으셨습니다. 직접 손을 잡고 이끌어 주시지는 않았지만, 그 차분한 시선과 세심한 배려는 항상 격려와 응원과 지지가 담겨 있었고, 학생들이 스스로 일어설 수 있도록 기다려주셨습니다. 저 역시 그 기다림의 은혜를 입은 학생 중 하나였습니다. 원서를 해석하는 속도는 느렸고, 토론에 참여할 때는 더듬거리기 일쑤였지만, 교수님은 절대 채근하거나 다그치지 않으셨습니다. 그저 정중하게 기다리셨고, 학생들이 스스로 배우고 성장할 수 있도록 공간을 마련해주셨습니다. 결국, 저는 그 치열한 과정을 잘 마칠 수 있었고, 스스로에게도 만족스러운 학점을 받는 결실을 얻었습니다. 하지만 무엇보다 값진 것은 "내가 나 자신을 이겨냈다"라는 경험이었습니다. 이 기다림과 배려는 저의 목회 현장에서 큰 힘이 되었습니다. 성도 한 사람 한 사람의 속도를 존중하고, 기다려주는 태도, 그것이 교수님을 통해 배운 교육의 본질이었습니다.

침묵 속에서도 일하시는 하나님 그리고 목회의 여정

중간사 시대는 하나님이 침묵하신 것처럼 보였던 시간입니다. 하지만 그 시간 속에서도 하나님은 역사하셨고, 이스라엘 민족은 그분의 섭리 속에 다시 일어섰습니다. 천사무엘 교수님은 그 침묵기에도 하나님은 일하신다고 가르치셨습니다. 그 가르침은 제 목회의 어두운 시기에도 하나님을 신뢰할 수 있는 힘이 되어주었습니다. 코로나 시기에 개척을 하고, 많은 예측할 수도 없고, 감당하기도 어려운 상황들, 성도가 떠나고, 사역이 흔들리던 때, 하나님이 침묵하시는 것처럼 느껴졌던 시간에도 교수님께서 말씀하신 그 한마디가 저를 붙잡았습니다. "Though silent, God remained sovereign." 그때 저는 하나님은 침묵하셔도 떠나지 않으신다는 것을 믿을 수 있었고, 그 믿음은 저를 다시 목회 자리로, 성도들을 기다리고 품을 수 있는 자리로 세워주었습니다.

에필로그: 스승께 드리는 감사의 고백

교수님, 딱 한 번의 수업이었지만, 그 수업은 제 인생과 목회를 바꾸는 시간이었습니다. 원서 한 줄을 해석하며 씨름했던 그 시간, 스스로를 이겨내며 성장했던 그 과정 그리고 무엇보다 "침묵 속에서도 하나님은 일하신다"라는 그 가르침은 제 목회의 뿌리가 되어 주었습니다. 저는 오늘도 성도들의 걸음을 기다리고, 그들이 하나님의 역사 속에서도록 인내하며 동행하는 목회자로 살아가고 있습니다. 이 모든 것은 스승의 기다림과 배려를 통해 배운 은혜였습니다. 은퇴를 맞이하시는 교수님의 앞날에 하나님의 평안과 은혜가 충만하기를 진심으로 축복합니다. 교수님께서 심으신 씨앗은 제 안에서 그리고 목회의 현장에서 지금도 살아 움직이고 있습니다. 교수님은 이제 은퇴하시지만 그 가르침이 제자들로 하여금 계속 이어져 연결되고 있습니다. 교수님은 침묵하시지만, 여전히 제자들의 삶과 목회 속에서 외침으로 울리고 있습니다. 감사합니다 그리고 너무 수고하셨습니다, 교수님!

기억의 문턱에서

김동주

02학번, 미국 Morefield Speicher Bachman, LC 변호사

기억의 문턱에서

교수님의 은퇴 문집에 실릴 개인적인 일화를 부탁받았을 때, 문득 떠오르는 순간이 있습니다. 2007년, 여름이 가을의 문턱에 들어서던 무렵이었습니다. 기독교학과 2학년을 마치고 군대를 갓 제대한 시절의 이야기입니다. 군 말년 휴가를 앞두고, 제 인생의 가장 큰 롤모델이자 신학의 길을 걷게 만든 이유였던 아버님께서 갑작스럽게 소천하셨습니다. 평생을 신앙으로 사셨고, 언제나 인생의 지표이셨던 분을 잃은 그 슬픔은 말로 다 표현할 수 없었습니다. 그때 저는 단지 한 사람을 잃은 것이 아니라, 제 인생의 방향과 목표, 정체성 자체를 잃은 것이었습니다.

신학이라는 학문이 더 이상 저에게 의미를 갖지 못했고, 열정도 붙잡을 힘도 남지 않았습니다. 노력은 해보았지만, 머릿속은 아버지를 향한 그리움과 빈자리에 대한 허전함으로 가득 차 있었고, 결국 저는 학

업을 이어갈 수 없다는 판단 아래 자퇴서를 작성하게 되었습니다. 다음 계획도 없이, 그저 현실을 도피하고 싶다는 마음뿐이었죠.

그렇게 자퇴서를 제출하려고 학교에 방문했던 날, 그래도 마지막 인사는 드려야겠다는 생각에 교수님의 오피스를 찾았습니다. 신입생 시절부터 엄격하신 모습으로 기억되던 교수님이셨기에, 한편으로는 그 결정이 혼날 일이라는 생각도 했습니다. "자퇴라니, 무슨 생각이냐" 하시며 호통치실 거라고 짐작했죠. 그러나 교수님은 그런 저의 예상을 뒤엎는 반응을 보이셨습니다. 화보다는 서운함이 묻어나는 목소리로 이렇게 말씀하셨습니다. "왜 나한테 상의도 없이 그런 결정을 했니…."

그 말씀을 들었을 때, 제 마음 한편이 무너지는 기분이었습니다. 감정에 휘둘려 혼자서 성급히 결정을 내리고, 정작 나를 아껴주시던 분께 아무 상의도 하지 않았다는 자책이 밀려왔습니다. 교수님의 그 말 한마디와 표정은 20년이 다 되어가는 지금까지도 제 기억 속에 깊이 남아있습니다. 미처 뵙고 죄송하다는 인사도 못 드린 채 미국으로 건너오게 되었고, 늘 마음속에 죄송함이 자리하고 있었습니다. 이번 은퇴를 맞아 이 글을 통해서라도, 그때의 제 마음을 조금이나마 전할 수 있었으면 합니다.

마음을 건네는 방식

생각해보면, 교수님은 늘 학생 한 사람 한 사람의 미래를 고민하셨습니다. 신입생 오리엔테이션이 끝난 어느 날, 저를 따로 불러 장학금 문제와 향후 진로에 대해 조언해 주셨던 기억이 납니다. 그 당시 교수님의 관심은 단순히 학교생활을 넘어, 인생 전반에 대한 동행이었습니다. "같이 계획해 보자"라고 하시며 진지하게 이야기를 나누시던 그 다정한 모습은, 겉으로 보기엔 엄격하고 근엄해 보였던 교수님의 또 다른 면모였습니다.

그 진심 어린 관심은 제가 힘든 시기를 보낼 때 더욱 깊이 느껴졌습니다. 교수님의 말씀 속에는 단지 학업이나 신학의 길을 이어가라는 권유가 아닌, 인생이라는 긴 여정에서 함께 걷는 동반자로서의 마음이 느껴졌습니다. "너희들은 왜 나와 상의도 없이 결정을 하니…"라는 그 말씀 속에는 단순한 서운함을 넘어, 사랑과 안타까움이 담겨 있었습니다. 제가 그 마음을 온전히 받아들이지 못했던 그때를 돌아보며, 지금도 가슴이 아립니다.

제자의 길 그리고 배움의 완성

시간이 흘러 저는 미국 캔자스시티에서 변호사로 살아가고 있습니다. 목회자의 길은 걷지 않았지만, 여전히 평신도 사역자로서 지역 청년들과 함께하는 연합 사역을 이어오고 있습니다. 벌써 8년이 넘는 시간 동안, 20대 청년들과 함께 호흡하며 그들의 삶을 들여다보는 일은 결코 쉬운 일이 아니었습니다. 생각과 감정의 표현 방식도 다르고, 삶의 속도와 언어도 다르기에 오해와 거리감이 생기는 순간도 많았습니다.

그럴 때마다 2007년 교수님의 그 말씀이 저를 다시 붙잡아 주었습니다. "왜 상의도 없이 결정을 하니…"라는 그 말 한마디는 단지 저를 꾸짖는 말이 아니라, 저를 향한 사랑의 표현이었음을 이제야 비로소 이해하게 되었습니다. 그래서 저도 이제는 서운함을 표현하는 데 망설이지 않습니다. 때론 청년들에게 조심스럽게, 하지만 진심을 담아 제 감정과 생각을 나누려 노력합니다. 교수님께서 저에게 그러하셨듯, 나도 누군가의 삶에 진심으로 닿고 싶은 마음에서 입니다.

'스승'이라는 이름 앞에서

'스승'이라는 단어가 이제는 제게 너무나도 특별한 의미로 다가옵니다. 단순히 지식을 전달하는 역할이 아닌, 제자의 삶의 방향까지 함께 고민하고 기꺼이 동행해 주는 존재. 때로는 무뚝뚝한 말 한마디 속에 깊은 애정이 숨어 있고, 그 말들이 시간이 흘러 자양분이 되어 저의 삶을 지탱해 주고 있습니다. 교수님은 그런 '스승'이셨습니다. 학문을 넘어 삶을 가르치셨고, 진심을 통해 제자의 미래에 흔적을 남기셨습니다.

이제는 제가 누군가의 멘토가 되어야 하는 나이가 되었고, 그 책임이 얼마나 무거운 것인지, 얼마나 많은 인내와 진심이 필요한 것인지를 절실히 느낍니다. 'Sympathy'가 아닌 'Empathy'로 삶을 대하고, 함께 고민하고 아파하고 기뻐하는 것, 그것이야말로 교수님께서 몸소 보여주신 진정한 가르침이었습니다. 교수님의 그 가르침은, 제 삶 속에 지금도 살아 숨 쉬고 있습니다.

마지막으로

미국에서 지낸 17년이라는 시간 동안, 이렇게 한글로 긴 글을 써 내려가는 일이 점점 익숙하지 않아졌습니다. 문장 하나하나가 어색하게 느껴지기도 하지만, 이번만큼은 제 마음을 온전히 전하고 싶었습니다. 교수님, 그때 정말 죄송했습니다. 그리고 진심으로 감사드립니다. 제가 비록 졸업은 하지 못했지만, 교수님께 받은 가르침은 제 삶 속에 가장 깊이 남은 배움이 되었습니다.

한 시대를 정리하시는 지금, 너무나 고생 많으셨습니다. 은퇴 이후에도 늘 건강하시고 평안하시기를 멀리서 진심으로 기도합니다. 언제나 그 자리에 계셔주셔서 그리고 제 삶에 스승으로 존재해 주셔서 감사합니다.

부족한 제자
김동주 올림

천 교수님과 함께한 4년

정효진

02학번, 영락교회 상담부 전도사, 에니어그램심리연구소 상담사

천 교수님과 함께한 4년

천사무엘 교수님을 처음 뵌, 20년 전 기억을 불러오는데 버퍼링이 조금 걸리는 걸 보니 저도 이제 나이가 제법 들었나 봅니다. 천 교수님을 기억하려 하니 자연스레 그 시절 학교 모습이 떠오릅니다. 캠퍼스가 지금은 많이 바뀌었고 더 좋아졌겠지만, 그때의 문과대 로비와 열람실, 강의실이 떠올라 애틋하고 뭉클한 감정이 먼저 올라옵니다. 참 그리운 시절이에요. 그때의 어린 저도, 그 시절을 함께 했던 동기와 선후배들도 모두 아련한 기억입니다.

바쁜 일상 속에서 20년 전을 기억할 수 있는 시간을 갖을 수 있는 기회가 있어서 감사합니다. 잠시 그 시절로 타임머신을 타고 가는 기분입니다. 시간이 많이 흘러 잊어버린 기억도 많고 기억이 왜곡되고 미화된 점도 많을 테지만 잠시 그 시절을 떠올려 보려고 합니다.

시간이 아무리 지났어도 천 교수님을 처음 뵈었던 기억은 생생합니다. 스무 살인 제 눈에 교수님 비주얼이 너무 멋있으셨거든요! 큰 키에 저보다 더 하얀 피부에 너무나 인자하게 웃으시는 미소가 정말 인상적이셨어요. 제 기억엔 그때 당시엔 칠판이 분필이었던 것 같은데, 확실하진 않아요. 분필이든 마커펜이든 그게 중요한 게 아니라 칠판에 판서하시는 손가락이 어찌나 섬섬옥수 같으셨는지, 그것 마저 교수님 수업을 집중하게 하는 이유 중 하나였습니다.

제 눈엔 한없이 어른이시고 한없이 대단하신 교수님이셨어요. 지금 생각해 보니, 그때 교수님 나이가 지금의 제 나이쯤 이셨던 것 같더라고요. 교수님께서는 "저희들이 어떠셨을까?" 문득 궁금해졌습니다. 철딱서니 없는 스무 살 아이들이 뭘 알까? 싶으셨을 것 같기도 하고, 그 생기와 젊음이 마냥 예뻤을 것 같기도 하고, 아마도 그 둘 다이었겠지요. 교수님께서는 항상 저희들 보시면 웃어주시고 너무 친절하게 대해주시고 존중해주셨던 것 같아요. 교수님을 떠올리면 늘 눈이 보이지 않게 웃어주시는 그 얼굴이 아직도 기억나거든요. 언성을 높이시거나 뭔가 화나 보이시는 듯한 말씀을 하셨던 기억은 없는 것 같아요.

제 인생의 교수님 수업은 '현대인과 성서'였습니다. 다른 학과들은 교양필수로 듣는 과목이어서 시간강사님들이 수업을 하셨지만, 저희는 기독교학과라 그런지 저희 교수님이 수업을 하셨지요. 저희에게는 교양 필수가 아닌 전공 필수 같긴 했어요. 거의 매주 구약 성경 쪽지시험을 봤던 기억이 납니다. 쉽지 않았어요. 첫 학기부터 하드 트레이닝이긴 했던 것 같아요. 수업마다 쪽지시험을 보고 시작했으니, 보통 수업 전날 벼락치기로 공부를 하고 긴장을 하며 시험을 봤던 기억이 납니다.

교수님은 늘 나이스한 모습으로 친절하셨지만, 불성실한 것을 그냥 봐주시지만은 않았어요. 지금 표현으로 한다면 따뜻한 'T'의 모습이랄까요? 성경 쪽지시험을 모두 너무 못 봤을 때나 과제를 성의 없이 냈을 때는 저희의 불성실함에 대한 현실 자각을 해주셨던 기억이 나요. 분명 혼나는 것 같은데 교수님은 웃으며 친절하셨고, 분명히 과제를 다시 해야 하는데 교수님께 죄송한 마음이 들었어요. 1학년 때를 저희 동기들을 생각하면, 모두 우당탕탕 철부지들이었는데 그렇게 교수님의 가르침에 따라 성장하며 철이 들었던 것 같습니다. 제가 교수님의 가르침을 받고 담기엔 정말 역량 부족이었단 생각이 듭니다.

역량은 부족했지만, 교수님의 수업도 늘 신기하고 재미있었습니다. 어려웠지만 모두 처음 듣고 알게 되는 것이 많아서 신선한 지적 호기심이 생겼던 기억도 납니다. 교수님께서 1년만 매일 도서관을 가는 습관을 들이라는 말씀을 종종 해주셨는데, 처음엔 그렇게 해보려고 시도했던 것도 갑자기 기억이 납니다. 물론 그 결심은 며칠 가지 못하고 시험 때만 지키게 되었지만요. 그때 배웠던 내용들은 많이 잊었지만, 교수님의 냉철함과 빛나는 지식과 따뜻한 가르침은 여전히 지금도 분명하게 느껴집니다.

졸업 후, 20년

원래 사람이 함께 할 땐, 그 소중함을 모른다고 교수님을 자주 뵐 수 있었을 땐 제가 얼마나 훌륭한 스승님과 함께 하는 행복을 가졌는지, 그 당시에는 지금처럼 느끼지 못했던 것 같아요. 졸업 후에 교수님이 얼마나 훌륭하시고 좋으신 분이셨는지 더 느꼈습니다. 신학자로서도 얼마나 저명하신 분이신지, 스승님으로서도 얼마나 따뜻하시고 인격적인 분이신지 알게 되었습니다. 졸업 후에 교수님을 많이 뵙진 못했지만 어디서든 성함과 사진을 보게 되면 늘 반갑고, 그립고, 애틋했습니다. 참 진부한 표현이지만 어느새 시간이 이렇게 빨리 지났네요. 벌써 교수님께서 퇴임을 하신다니… 감히 제가 다 알 수 없는 교수님의 그 무수한 시간에 경의를 표합니다.

저는 졸업 후에 신대원에 진학을 했습니다. 출산과 육아로 오랜 기간 사역과 공부를 중단하고 다시 사역과 공부를 하니 이전과 달라진 것이 있었습니다. 기억력과 집중력은 저하되었지만, 나이가 들고 삶의 경험이 쌓이는 것에 따라 다르게 들리고, 다르게 해석되고, 더 깊게 느껴졌습니다. 지금의 제가 그 때의 교수님의 가르침을 받았다면 얼마나 더 많은 것들이 들렸을까? 아쉬운 마음이 듭니다. 교수님께서도 20년의 세월 동안 학식과 인품이 더 깊어지셨겠지요. 지금 다시 한번 더 교수님의 가르침을 듣고 싶다는 생각을 종종 합니다.

기독교학과 모든 동문들이 저와 비슷하게 느끼겠지만, 저 역시 제 인생에 기독교학과를 만난 것이 큰 선물입니다. 아직 가치관과 정체성이 모두 형성되지 않은 약한 그 시기에 기독교학과처럼 따뜻한 공동체를 만난 것이 얼마나 큰 축복이었는지 모릅니다. 그럼에도 저는 좌충우돌 우당탕탕 많이 헤매기도 했지만, 그마저도 필요했던 그 시기를 지나 지금의 제가 존재할 수 있음을 압니다. 그토록 애틋하고 그리웠던 그 시절 중심엔 기독교학과가 있었고, 그 안에 존경하는 모든 교수님들과 천사무엘 교수님이 계셨습니다. 훌륭한 어른의 모델을 보았고 제 삶의 일부분을 교수님과 함께하는 영광을 누렸습니다. 그랬기에 저도 그와 같은 좋은 어른의 모습이 되려고 삶의 방향을 수정하고 또 수정해 온 것 같습니다.

　감사합니다, 교수님. 교수님의 제자라는 것이 영광이고 제 삶의 자부심입니다. 아울러 동시대를 함께 했던 기독교학과 모든 동기, 선후배님들 보고 싶습니다.

천사무엘 교수님께, 마음을 담아

오한나

03학번, 인천남동구 청소년상담복지센터 상담사업팀원

안녕하세요. 저는 03학번 오한나입니다. 은퇴를 앞두신 저의 존경하는 스승이신 천사무엘 교수님께 이 작은 글로나마 감사의 마음을 전하고자 합니다. 부족한 글이지만, 저의 깊은 존경을 담아 올립니다.

2002년 11월, 한남대학교 기독교학과에 입학하기 위해 처음으로 대전 한남대를 방문했던 날이 아직도 생생히 기억납니다. 면접을 앞두고 긴장한 저는 제대로 말을 잇지 못하면 어쩌나 하는 걱정으로 마음이 무척 불안했습니다. 떨리는 마음으로 면접실에 들어섰을 때, 교수님께서는 환한 미소로 저를 맞이해 주셨습니다. 인자하고 따뜻한 그 미소는, 마치 천사의 미소처럼 제 마음을 다독여 주었습니다. 교수님께서는 긴장한 저에게 부드럽게 질문을 던져 주셨고, 어리숙한 답변에도 끝까지 미소를 잃지 않으시며 경청해 주셨습니다.

그날, 교수님의 따뜻한 웃음은 제 마음에 깊이 각인되었고, "이분

밑에서 배울 수 있다면 얼마나 좋을까” 하는 벅찬 기대를 품게 했습니다.

얼마 후, 바라던 대로 수시 합격 소식을 듣게 되었고, 저는 설렘 가득한 마음으로 학교생활을 준비했습니다. 입학 후, 대학교회에서 열린 기독교학과 신입생 환영회에서 다시 뵌 교수님은, 면접 때와는 사뭇 다른, 단호하고 엄한 표정으로 저희에게 말씀하셨습니다. “독서실에서 하나님을 만나라.” 학생으로서 공부에 힘써야 한다는 당연한 사실을 강조하신 말씀이었지만, 새내기였던 저에게는 마치 고등학교 때 엄한 교장 선생님 훈화를 듣는 듯한 긴장감으로 다가왔습니다. 교수님의 한 마디 한 마디에는 저희를 향한 진심 어린 기대와 사랑이 담겨 있었음을, 지금은 알 것 같습니다.

대학교 1학년 시절, 필수 교양과목인 ‘현대인과 성서’ 수업을 들으며 교수님께 처음으로 수업을 받게 되었습니다. 그 수업은 저에게 ‘긴장’ 그 자체였습니다. 수업 시간에 조금이라도 늦는 학생은 단호하게 퇴장시키셨고, 성의 없는 태도나 무례한 행동은 결코 그냥 넘어가지 않으셨습니다. 샛노랗게 탈색한 머리카락을 지적받던 동기, 하품 한 번에 퇴장 명령을 받던 친구들을 보며, 저 역시 자세를 고쳐 앉고, 눈을 반짝이며 수업에 집중하려 애썼습니다. 어느새, 저는 수업 중 하품이 나올 것 같으면 몰래 손으로 가리며, 긴장 속에서도 교수님의 수업을 최대한 집중하여 들으려 노력하게 되었습니다. 그렇게 한 학기 동안, 교수님을 두려워하는 마음으로 열심히 공부했습니다.

특히 ‘현대인과 성서’ 과목은 다른 어떤 과목보다 열심히 준비했습니다. 성경 쪽지시험에서 평균 60점 이하이면 F를 받는다는 소문이 돌았던 터라, 저는 단 한 번도 느슨해질 수 없었습니다. 중간고사 때

'이스라엘의 역사'가 반드시 출제된다는 말을 듣고, 두 장 분량의 답안을 통째로 외워 시험에 임했던 기억도 납니다. 돌이켜보면, 왜 그렇게까지 열심히 했을까 생각이 들기도 하지만, 아마도 면접장에서 환하게 웃어주셨던 교수님께 잘 보이고 싶었던 마음이, 저를 더욱 열심히 하게 만들었던 것 같습니다.

대학교를 졸업한 후, 저는 뒤늦게 사회복지사의 길을 꿈꾸게 되었습니다. 진로를 고민하던 중, 학과 조교를 모집한다는 소식을 접했고, 조교로 일하면서 대학원 및 평생교육원 수업을 저렴하게 들을 수 있다는 정보를 듣게 되었습니다. 저는 고민 없이 지원했고, 감사하게도 기독교학과 조교로 뽑혀 2009년부터 근무할 수 있게 되었습니다. 처음 조교로 일할 때, 학과장님은 김광률 교수님이셨습니다. 2010년, 천사무엘 교수님께서 학과장으로 부임하시자 저는 순간 긴장할 수밖에 없었습니다. '현대인과 성서' 수업 때의 무섭던 기억이 떠올랐기 때문입니다.

천사무엘 교수님께서 학과장으로 부임하신 이후 어느 날, 저는 실수로 20분이나 지각을 했습니다. 학과 사무실 앞에서 저를 기다리던 다른 교수님께 혼이 나고, 학과장님께 보고하겠다는 말을 들은 저는 교수님께 크게 혼날 것이라는 두려움에 사로잡혔습니다. 얼마 지나지 않아 천사무엘 교수님께서 저를 호출하셨고, 저는 긴장한 마음으로 교수님 실로 들어갔습니다. 그런데 제 예상과는 달리 교수님께서는 부드럽게 물으셨습니다. "요즘도 주말마다 시흥에 있는 부모님 교회 다니느라 힘들지 않니?" "저녁마다 평생교육원 수업 듣느라 피곤하지 않니?" 저는 고개를 끄덕이며 대답했습니다. 그러자 교수님께서는 "정말 피곤했겠다, 힘들었겠다" 하시며 따뜻하게 저를 위로해 주셨습니다. 그 따스한 말씀에, 저는 눈물이 차오르는 것을 겨우 참았습니다. 교수님께서는 저의 지각을 꾸짖지 않으셨고, 오히려 저의 상황을 헤아려주시며 따스하게 감싸주셨습니다. 그날 이후, 저는 다시금 교수님의 참된 모습을 깨닫게 되었습니다. 엄격한 가르침 뒤에는 깊은 이해와 배려가 있었고, 작은 실수조차 너그러이 품어 주시는 따뜻한 마음이 있었습니다.

교수님께서는 조교 계약 기간이 끝날 무렵, 자신이 협동 목사로 섬기시는 교회에 파트 전도사로 지원해 볼 생각이 있냐고 먼저 제안해 주시기도 하셨습니다. 서툴고 부족한 저를 끝까지 믿어 주시고 배려해 주셨던 교수님의 마음은 제 인생에 큰 힘이 되었고, 여전히 저를 지탱하는 힘입니다.

교수님, 그때 제대로 감사 인사를 드리지 못했는데, 이제라도 이 글을 통해 진심으로 말씀드리고 싶습니다. 감사합니다. 교수님의 따뜻한 미소와 진심 어린 가르침은 저의 가슴 속에 영원히 남아있을 것입니다. 교수님 존경합니다. 교수님의 걸어오신 길 위에, 앞으로 걸어가실 길 위에 하나님의 은혜와 축복이 늘 가득하기를 간절히 기도합니다. 감사합니다.

03학번 오한나 드림

천사를 피해라!

최 규 영

03학번, 전주 덕진소방서 구조대원

나의 대학교 일 학년은 '무'에서 시작되었다. 하나님께서 천지를 창조하실 때 말씀으로 무에서 유를 창조하셨듯이 나의 대학 또한 그러했다. 대학에 와보니 고등학교와는 조금 달랐다. 선생님은 없는 것 같았고, 대신 교수님이 계셨다. 교수님은 혼을 내어 제자들의 잘못을 바로잡는 분은 아니었다. 원래 화가 없으신 건지 아니면 이것 또한 대학 문화인지 모르겠지만 어쨌든 좋았다. 나와 같은 '지각러'들에겐 혼내지 않는 스승님이야말로 최고의 스승이었으니까 말이다.

대학에 들어와 학교 앞 식당 밥에 적응이 될 즈음 대학교 동기들과도 편한 사이가 되었다. 중고등학교 때야 학교에서만 얼굴을 보는 사이였지만, 대학생이 되니 동기의 집에서 부스스하게 일어나는 일이 종종 있었다. 게다가 수업 시간 내내 얼굴을 맞대고 있으니 어찌 친해지지 않을 수 있을까. 우린 대부분의 시간을 밥 먹고 대학에 다니고 사랑하는 데에 썼다. 1학년은 공부를 한다기보다 대학을 다닌다는 표현이 맞

았던 것 같다. 그대도 나름 교과과정과 교수님에 대한 기독교학 세포가
생겨나기 시작했다.

"야 너 천사 알아?"

"기독교학과까지 와서 천사 모르겠냐."

"아니 그 천사 말고~ 천사무엘 교수님."

"아~ 그 천사 교수님. 근데 왜?"

"그 교수님 수업 잘못 들으면 사달 난대~."

그러니까 천사 수업은 다 피해야 돼."

　　동기들의 안테나는 늘 나보다 길었다. 정보의 홍수 속에 동기들은
한 학점이라도 더 잘 받기 위해 헤매었고, 난 시급을 더 받을 수 있는
정보를 찾아다녔다. 아마 그때부터 우리의 길이 갈리지 않았을까 생각
해 본다. 동기의 심신 당부에도 난 천사 교수님의 수업을 신청 과목에
넣었다. 뭐랄까 막연한 기대감도 있었다. 한남대 최고의 지성으로 손꼽
히는 교수님의 수업을 듣는다는 그 자체에 대한 기대감이 말이다. 기도
중에 하나님은 만났지만 천사는 처음 만나는 일이었다.

　　수업 시간이 돼서야 얼굴을 가까이 볼 수 있었다. 뽀얀 피부에 깔끔
한 캐주얼 정장의 모습이었다. 늘 '허허허' 웃으시던 이달 교수님과는
또 다른 결의 미소를 지닌 신사였다. 부드러운 목소리와 말솜씨에 기품
이란 게 느껴졌다. 여러 날이 지나고 품격 있게 혼나는 우리들을 발견
하였다. 천사 교수님은 가끔 혼을 내시곤 하셨다. 물론 누군가에게 혼
이 나는 건, 혼날 짓을 했다는 의미이기도 했다. 대학에 들어와서 잠시

착각을 했던 것 같다. 성인이 되면 혼이 나지 않을 거란 생각을 말이다. 갓 성인이 된 우리들의 태도를 많이 꾸짖으셨다. 기본이 지켜지지 않는 모습을 참지 않으시고 학교 선생님처럼 혼을 내셨다. 마흔이 넘은 지금도 아내한테 혼나고 있는 걸 보면 그때의 생각은 아주 큰 착각이었음을 깨닫는다.

더불어 우리의 얕은 지식이 매를 맞기도 했다. 난 선교사를 꿈꾸며 입학을 했지만, 구약 수업을 들으며 성경에 대한 이해와 지식이 거의 무교에 가까웠다는 걸 알았다. 그저 감동과 신앙만으로 선교사가 되려 했던 지난날이 와르르 무너졌었다. 지성이라는 회초리를 맞은 우리들은 하루하루 혼돈이었다.

그러다 하루는 이에 분개한 동기가 내게 말했다.

"야. 이게 말이 돼? 하나님이 홍해를 둘로 쪼개면 쪼개는 거지.
홍해가 갈대라니."

"진정해. 우린 거기 안 가봤잖아~ 교수님 가보셨다잖아.
그리고 말로 치자면 바다를 둘로 쪼개는 게 더 말이 안 되지 않냐."

"너 지금 하나님 의심하는 거야?"

손바닥에 올려놓고 "후~" 불면 꺼질 듯한 신학생들, 우리 그리고 그날의 대화가 아직도 잊히지 않는다.

천 교수님의 수업을 듣는 동안 많은 배움이 있었다. 장님이 코끼리

만지듯 알았던 구약에 대해 눈을 뜨는 계기이기도 했다. 기존에 신앙적으로 매달렸던 신앙을 조금 내려놓고, 다시 쌓아가는 신앙에 대한 연습이 있었다. 물론 학점을 지켜주는 천사는 아니었다. 좋은 학점을 바란 것도 아니었지만 말이다.

1년의 수업을 모두 마치고 나는 군 입대를 위해 휴학을 결정했다. 집안에 보탬이 되고자 특전 부사관에 지원을 하여 5년의 공백기를 가졌다. 이를 알리고자 기독교학과 사무실에 들렀을 때 천사 교수님이 계셨다. 환한 미소로 나의 휴학을 반기셨다. 아니, 수고하라고 격려하셨다. 그 후로는 수업 시간의 교수님 보단 기독교학과의 선생님으로 만남을 이어갔다.

몇 해 전 나는 소방관으로 강단에 서는 일이 있었다. 채플에 모인 학생들에게 교수님은 나의 과정을 읊어주셨다. 강단 아래에서 올라갈 채비를 하며 강단 쪽을 바라보았다. 교수님의 온화한 미소와 낭랑한 목소리에서 1학년 수업 시간이 조각조각 떠올랐다. 그때 수업 시간에 지각하고, 과제 안 해온 우리를 혼내시던 모습도 보였다. 큰 텀의 시간을 지나고 보니, 교수님은 앞으로 겪게 될 하나님의 시간, 그 사이에서 많이 방황할 우리를 미리 걱정하고 계셨던 게 아닐까 생각이 들었다. 대학 졸업하고 내게는 정말로 많은 일들이 있었다. 살면서 최고로 기뻤던 순간, 깊은 슬픔, 인생의 밑바닥을 보게 된 경험, 아무리 소리 질러 외쳐도 고요했던 광야. 나이를 계산해 보니 나도 처음 교수님을 마주했을 즈음 나이가 되어 있었다. 교수님도 수많은 광야를 건너서 우리 앞에 서 계셨구나 생각이 들었다. 그리고 우리를 혼낸 건 분명 사랑이었음을 직감할 수 있었다. 기독교학과 학과장님으로 직함만 바뀌었지 여전히 기품 있는 천사의 모습이셨다.

천사무엘 교수님, 그동안 노고에 감사를 드립니다. 채플 강단에서 뵈었을 때 너무 반갑고 자랑스러웠습니다. 제가 교수님의 제자라는 사실이 무척이나 뿌듯한 순간이었습니다. 그래서인지 이 글을 쓰는 내내 서운함을 감출 길이 없네요. 정말인지 '무'에서 시작한 제가 나름의 색을 뿜어내며 살고 있습니다. 모두 교수님의 가르침 덕분입니다. 기도의 자리로 물러나셔도 늘 건강하고 평안하십시오. 저도 늘 교수님과 학교를 위해 기도하겠습니다. 또 뵐 때까지 안녕하십시오. 사랑합니다.

잔소리, 잔잔한 소리, 잔잔한 울림

이 진 호

07학번, 경기중앙교회 부목사

2007년 3월 어느 날, 시골에서 올라온 고등학생의 촌티도 채 벗기지 못한 상황, 아직 이름도 채 제대로 익히지 못한 동기 몇몇과 함께 천사무엘 교수님과 저녁 식사하는 자리를 갖게 되었습니다. 이젠 이름도 기억나지 않는, 아직까지 운영하고 있는지도 모르는 어느 경양식 레스토랑에서 항상 남들보다 억세게 운이 좋은 저는 교수님 옆자리에서 식사를 하게 되었습니다. 인자한 웃음으로 아직 주문도 하기 전에 교수님께서는 저희에게 말씀하셨습니다. "대학교 와서 공부는 잘 되고 있니?" 가뜩이나 정적이 흐르던 식탁에는 침묵만이 어색한 공간을 메꾸고 있었습니다. 그 어색한 침묵은 주문을 받는 점원이 끊어주었지요. 생선까스를 주문하시며 저희에게 먹고 싶은 것을 마음껏 주문하라고 하신 교수님은 차분하게 말씀을 이어갔습니다. "학교 열람실은 이용하고 있니? 공부는 습관이다. 최소한 하루에 두 시간씩 엉덩이를 붙이는 연습을 해야 한다. 사람의 뇌도 기계와 같아서 오랫동안 안 쓰면 녹이 쌓인다. 먼저 녹을 없애는 시간이 필요한데 두 달 정도는 걸린다. 영어 점수들은 어떻게 되니. 학교에서 하는 모의 토익은 아직 안 봤니. 영어 공부 부지런히 해야 한다. 영어 점수만 잘 받아놓으면 어떻게라도 원하는 공부를 할 수 있고 원하는 일에 가까워진다" 등의 저희를 향한 염려와 권면을 하시는 상황에서 모든 동기들의 의식은 흐려져만 갔습니다. 그렇게 의식이 희미해질 때쯤 주문한 요리가 나왔고, 천사무엘 교수님께서는 바로 옆에 있는 저에게 다시 한번 인자함이 가득 담긴 미소와 함께 말씀하셨습니다. "내 나이쯤 되면 소화가 잘 되지 않아 저녁은 많이 먹지 않게 돼." 그 말씀과 함께 교수님 접시의 생선까스의 절반을 제 접시에 옮겨 주셨습니다. 그 이후로도 교수님의 권면의 말씀은 계속되셨고, 희미해진 의식으로 저작운동을 제대로 하지 못한 저는 그만 그날 급체를 하게 되었고, 소화제로 해결되지 않는 학업의 부담감에 병원까지 찾게 되었습니다. 지금도 소화가 잘 되지 않아 소화제를 입안에 털어 넣을 때면 인자한 미소의 천사무엘 교수님의 얼굴이 종종 떠오르기도 합니다.

우스갯소리로 글을 시작했지만, 사실 제자들을 향한 사랑이었음을 이제 와 깨닫지 못하는 사람이 있을까요. 사랑하는 제자들이 시간을 허투루 보내는 것이 얼마나 안타깝게 여겨졌으면 만나는 제자들마다 그런 이야기를 하셨을지 생각해 봅니다. 바쁘신 일정 중에서도 틈틈이 문과대 1층 열람실에 들어오시며 공부하고 있는 제자들이 보이시면 애정이 듬뿍 담긴 손길로 어깨를 툭툭 만져주시던 모습, 때로는 열람실에서 졸고 있으면 깰 때까지 '그' 인자한 미소로 빤히 바라보고 계시던 모습이 지금도 문뜩문뜩 떠오릅니다.

교수님과 나누었던 대화 중에 가장 기억에 남는 것은 본인이 교육부서 교역자로 사역하셨을 때의 일화입니다. 주일 예배와 모든 봉사를 마치고 남자 집사님들과 함께 축구를 한 후 교제를 나눌 때, 교사들이 본인 앞에서 편하게 캔 맥주 한 잔씩 마시고는 했었다며, 교회가 비본질적인 것에 집중하느라 본질적인 것을 놓치고 있는 것은 아닌지 그리고 성도와 만나는 교역자들이 성도에게 비본질적인 것을 강조함으로 하나님이 성도들에게 부여하신 자유를 빼앗고 있는 것은 아닌지 생각해 봐야 한다고 말씀하셨습니다. 가볍게 하셨던 말씀이었지만, 교수님의 말씀은 설교를 준비해야 하는 저의 입장에서 늘 도전이 되고 있습니다. 내가 선포하는 메시지가 과연 정말 복음에 기초한 것인지, 아니면 성도에게 허락된 자유를 박탈하고 종교성으로 억압하면서 죄책감을 유발하며 교회의 질서를 따르게 하기 위한 수단이 되어 있지는 않는지, 늘 떨리는 마음으로 점검하게 됩니다.

늘 뜨거운 심장보다는 얼음장같이 차가운 이성으로 가르침을 주셨던 교수님의 삶의 모습은 오늘날 성도를 섬기며 한국교회를 염려해야 하는 제자 된 입장에서 늘 가르침이 됩니다. 오늘날 목회자가 편하기 위하며 성도에게 맹목적인 신앙을 강요하고 있지는 않는지, 성도에게 상고할 수 있는 능력을 빼앗고 있지는 않는지, 이를 위해 목회자가 먼저 하나님을 향한 지적 갈망을 포기한 채 제자리걸음만 하며 교회의 어려움을 시대와 성도 탓만 하고 있지는 않는지 고민해 보게 됩니다. "도서관에서 하나님을 만나라"라는 천사무엘 교수님의 충고는 오늘날 시대 흐름을 충분히 따르지 못하고 세상과의 대화가 단절된 채 뒤처져만 가는 교회를 향한 울부짖음이자, 한국교회 미래를 책임질 제자들을 향한 겸손한 부탁이었음을 이제야 깨닫게 됩니다. 그리고 교회를 향한 교수님의 울부짖음과 제자들을 향한 부탁에 여전히 충분하지 않지만, 분명히 반응하고 꿈틀거리고 있는 제자들이 있기에 교회의 미래가 마냥 비참하기만 한 것은 아님을 인식하며, 오늘도 교회를 향해 세상을 양해 묵묵히 한 발자국을 내딛습니다.

언젠가 교수님께 은퇴하시면 어떻게 지내실 것인지 여쭤본 적이 있었습니다. 그때 교수님의 대답은 조용훈 교수님과 함께 낚시를 다니며 노후를 보내고 싶다는 말씀을 하셨습니다. 그 말씀에서 많은 연구와 수업, 학교 업무로 인해 분요한 시간을 보내셨을 교수님의 삶을 이제야 더듬어보게 되었습니다. 바라기는 잉크 냄새 가득한 공간을 떠나 자연이 주는 풍성함을 넉넉히 누리시다가, 제자들과 한국교회를 위한 좋은 책들도 집필해 주셨으면 좋겠습니다. 이제 제자는 의자에 엉덩이를 두 시간 정도는 거뜬히 붙이고 있을 만큼 엉덩이에 근육이 생겼습니다. 하지만 여전히 머리에 녹은 벗겨지지 않은 것 같아 교수님의 책을 통해 머리의 녹을 씻어낼 수 있으면 좋겠습니다. 학업의 현장에서 교수님을 만나기는 어렵겠지만, 교수님의 책을 통해 교수님의 흔적을 쫓아 보다 나은 그리스도인이 되기를 희망합니다.

덧붙이는 말(덧니)

2007년 3월 어느 날 이후로 아직 저는 생선까스를 먹지 못하고 있습니다. 저의 트라우마를 극복하기 위해 교수님과 다시 한번 경양식 레스토랑에서 식사할 수 있는 날을 기다립니다. 그때는 제 의식을 희미

하게 해주셨던 충고와 조언이 이토록 그리워질 줄은 몰랐습니다. 머지
않은 날 교수님과 같이 생선까스를 나누어 먹으며 과거를 더듬을 수
있으면 좋겠습니다. 물론 교수님이 낚시로 잡으신 생선으로 생선까스
를 먹을 수 있게 된다면 더욱 멋진 날이 되지 않을까 생각해 봅니다.

교수님 연구실 문을 처음 두드렸던 순간을 기억하며

한가람

09학번, 미국 가렛신학대학원 박사/강사

천사무엘 교수님의 은퇴를 진심으로 축하드리며, 그동안의 수고에 깊이 감사드립니다. 그리고 저의 교수님이자 목사님이 되어 주셔서 진심으로 감사드립니다.

교수님께서 기독교학과에 계시는 동안 제가 학생이었다는 사실은, 돌이켜봐도 참 감사한 일이라고 생각됩니다. 대학 초반, 멀게만 느껴지고 어렵게만 생각되었던 교수님의 연구실 문을 두드렸던 순간이 아직도 생생합니다. 그때 저는 교수님의 수업을 듣기 전이었고, 교수님께서 저를 기억하실까 걱정하며 문 앞에서 한참을 망설였던 기억이 납니다. 졸업 후에도 교수님의 연구실 앞에 서면, 늘 그때의 기억이 떠오릅니다. 학과 사무실에서 교수님 연구실까지 걸어가며 두근거리는 마음으로 기도했던 순간도 기억납니다. 무슨 기도를 했는지는 기억나지 않지만, 그만큼 긴장하고 간절했던 제 마음만은 또렷이 떠오릅니다.

그날 이후로, 제 인생의 여정을 다른 사람들과 이야기할 때면 교수님 이야기를 빼놓을 수 없게 되었습니다. 지금 생각해 보면, 어떤 용기로 교수님을 찾아뵙고 유학을 가고 싶다고 말씀드렸는지 모르겠습니다. 그만큼 제 안에 간절함이 있었던 것 같습니다. 그리고 문을 열고 들어갔을 때, 교수님께서 환하게 웃으시며 "그래, 들어와라"라고 말씀해 주신 모습이 아직도 눈에 선합니다. 교수님의 그 환한 미소 덕분에 긴장했던 마음이 조금 풀렸고, 덕분에 솔직하게 유학에 대한 제 꿈을 말씀드릴 수 있었습니다.

요즘 유행하는 MBTI로 표현하자면, 교수님은 정말 '대문자 T'처럼 간결하고 명확한 질문을 하셨던 게 기억납니다. 영어 점수는 몇 점인지, 영어로 의사소통이 가능한지, 유학을 가면 재정적인 지원은 준비되어 있는지 등을 하나하나 체크해 나가셨습니다. 그 질문들에 저는 대부분 "아니요"라고 대답했고, 속으로는 "역시 안 되겠구나"라고 생각했습니다. 하지만 교수님은 "그럼 넌 안 되겠다"가 아니라, 제 상황에 맞는 구체적인 대안을 제시해 주셨습니다.

돌이켜보면, 저는 "이래서 안 되겠지?"라고 쉽게 포기하려 했던 순간에 교수님은 늘 "다른 방법도 있다"라고 말해주시는 분이셨습니다. 당시 제게 제시해 주셨던 대안은, 호주의 한 기독교 공동체에서 함께 생활하며 일하고 공부하는 것이었습니다. 이런 경험을 통해, 제가 후배들과 이야기할 수 있는 기회가 오면, 항상 이렇게 말합니다. 교수님들을 찾아가 상담해 보고, 자신의 상황에 맞는 방안을 들어보라고요. 선택은 개인의 몫이지만, 내가 모르고 있던 가능성을 선택지 안에 넣을 수 있다는 건 정말 놀라운 경험이었습니다. 그리고 그 가능성의 문을 열어주셨던 분이 바로 천사무엘 교수님이셨습니다.

공동체를 추천해 주신 것뿐만 아니라, 준비 과정도 세세히 알려주시고 제 에세이까지 직접 봐주셨던 기억이 납니다. 호주뿐만 아니라, 그 이후 다른 유학 과정에서도 교수님은 제 지원서와 에세이를 읽어주시고 피드백을 주셨습니다. 그리고 한 번은, 제가 정성 들이지 않고 쓴 에세이를 보시고는 "이렇게 쓸 거면 유학 준비하지 말라"고 단호하게 말씀하셨던 적도 있습니다. 당시엔 그 말씀이 무섭고, 영어로 나름 최선을 다해 썼다고 생각했던 저로서는 서운하기도 했습니다. 그러나 교수님의 단호함 덕분에 정신이 번쩍 들었고, 그 뒤로 더 열심히 준비했던 것 같습니다. 지금 생각해 보면, 그때의 준비 과정은 단순한 과제가 아니라 제 인생의 문을 여는 열쇠였습니다. 그리고 교수님은 제가 그 문을 스스로 열 수 있도록, 열쇠를 만들 수 있도록 이끌어 주셨습니다. 그리고 그 과정에서 보여주셨던 교수님의 단호함도 있었지만, 동시에 교수님의 천사 미소와 격려는 저에게 큰 힘이 되었습니다.

그렇게 3학년을 마치고 전혀 생각지도 못했던 호주 공동체로 가게 되었고, 그 경험은 제 인생의 전환점이 되었습니다. 교수님도 아시겠지만, 저는 호주 생활이 너무 힘들었어서 지금까지도 호주 생활을 이야기할 때면, 정말 많이 투정을 부립니다. 타국에서, 낯선 친구들과 함께 살며 평생 해보지 않았던 일들을 하며 공부를 병행한다는 것은 너무나 큰 도전이었습니다. 처음 몇 주는 매일 울면서 잠들었고, 솔직히 교수님을 원망하기도 했습니다. "왜 나를 이런 곳에 보내셨냐"면서요. 하지만 시간이 지나고 나니, 그 시간은 낯선 환경 속에서 새로운 저를 발견하는 귀한 시간이었습니다.

호주에 간 지 약 6개월쯤 되었을 때, 저는 비자를 핑계 삼아 교수님께 "이제 돌아가고 싶다"라는 이메일을 보낸 적이 있습니다. 제 나름대로는 6개월이면 충분했다고 생각했고, 상황도 저의 핑계를 뒷받침해주기에 충분했습니다. 교수님께서 기억하실지 모르겠지만, 그때 교수님의 답장은 단호한 한 마디였습니다. "버텨라." 그 단호한 한 마디에 더 이상 아무 말도 하지 못했고, 결국 남은 6개월을 버텼습니다. 힘들었지만, 그 6개월을 버틴 것이 정말 잘한 일이었습니다. 그리고 그 버팀의 힘 덕분에 한국에 돌아와 4학년을 잘 마무리할 수 있었고, 지금은 유학 11년 차를 마무리하는 시점에 와 있습니다.(그런데 호주 공동체 생활 정말 힘들긴 했습니다.)

이 글을 쓰며 되돌아보니, 모든 일이 엊그제 같은데 벌써 약 13년 전 일이라니 참 신기합니다. 교수님의 은퇴 문집을 통해 그 시절을 다시 떠올릴 수 있어 감사한 마음입니다. 유학 중 방학 때 한국에 돌아와 교수님 연구실을 찾을 때마다, 대학생 때 봤던 그 미소와 따뜻함으로 저를 맞아 주시던 교수님의 모습은 마치 '집에 돌아온 듯한' 편안함을 느끼게 해주었습니다. 그 연구실에서 항상 같은 천사 미소로 그대로 계셨기에 저는 다시 힘을 얻고 돌아올 수 있었습니다. 이제 그 자리에 더 이상 계시지 않는다고 생각하니 벌써부터 아쉬움이 밀려옵니다. 작년에 찾아뵈었을 때, 연구실 앞에서 사진이라도 찍을 걸 그랬다는 생각이 드네요.

목회자도, 신학자도 없는 제 가정에서 제가 신학 공부를 계속할 수 있었던 건 분명 천사무엘 교수님과 한남대 기독교학과 교수님들의 지도가 있었기 때문입니다. 그리고 스스로의 가능성을 늘 의심하던 제게,

겉은 단호하지만 속은 따뜻하셨던 '겉바속촉'의 교수님은 제 안의 틀을 깨고 새로운 세상으로 발걸음을 내딛게 해주셨습니다.

이제 박사과정을 마무리하며, 교수님께서 제 삶에 주셨던 영향을 다시금 되새깁니다. 저 역시 누군가에게 새로운 가능성을 열어주는 사람이 되도록 공부와 사역에 임하고 싶습니다. 그리고 교수님께서 뿌듯해 하실 제자가 되도록 더욱 노력하겠습니다. 은퇴 후에도 학문적 가르침뿐 아니라, 목회자와 신학자 그리고 한 개인으로서의 제자들을 향한 멘토링도 계속해 주시면 좋겠습니다. 더 자유로워지실 교수님의 은퇴 이후 삶을 진심으로 응원하고 기대합니다!

아! 그리고 마지막으로, 지식뿐 아니라 늘 학생들의 건강한 몸과 건강한 식습관을 강조하셨던 천사무엘 교수님을 잊을 수 없습니다.(웃음) 구약성서 수업 시간, 저희가 초코우유나 과자를 먹고 있으면 우유갑이나 과자 봉지에 적힌 나트륨과 설탕의 함량을 말씀해 주시며, 왜 이런 성분들이 몸에 좋지 않은지 설명해 주셨지요. 그리고 항상 건강한 음식을 먹어야 한다고 말씀하셨던 교수님의 모습이 지금도 선명히 떠오릅니다.

그땐 그 말씀이 조금은 잔소리처럼 느껴져, 수업 시작 전에 급히 간식을 먹고 흔적을 숨기느라 바빴던 저희 모습이 생각납니다.(웃음) 작년에 교수님을 찾아뵈었을 때, 함께 식사를 나누며 다시금 건강한 식습관과 운동의 중요성에 대해 이야기 나누던 그 시간이 참 따뜻하게 느껴졌습니다. 그 대화를 나누며, 13년 전 구약성서 수업 시간의 추억들이 자연스럽게 떠올랐습니다. 그리고 문득 돌아보니, 이제는 저도 음식을 고를 때 성분표를 꼼꼼히 확인하고 건강을 챙기는 제자가 되어 있더라고요.(웃음) 교수님의 세심한 가르침이 삶의 곳곳에 남아 이렇게 자연스럽게 이어져 있다는 사실에 감사한 마음이 듭니다.

천사무엘 교수님, 다시 한번 저의 삶에 다방면으로 귀한 영향을 주신 것에 진심으로 감사드립니다. 교수님을 저의 교수님으로 만나게 된 것은, 제게 있어 하나님의 큰 은혜입니다. 저도 교수님처럼 누군가의 삶에 도움이 되고 용기를 주는 제자가 되겠습니다. 항상 건강하시고요, 은퇴 이후 더욱 자유롭고 풍성해질 교수님의 제2의 삶을 진심으로 응원하고 기대합니다. 한국에 돌아가게 되면, 공기 좋은 지리산으로 꼭 찾아뵙겠습니다. 진심으로 감사드립니다! 그동안 수고 많으셨습니다!

09학번 졸업생

한가람 드림

감사함을 담아

임채은

22학번, 기독교학과 4학년

　　본문으로 들어가기에 앞서 사실 나는 천사무엘 교수님 아래에서 단지 세 학기만 수학했을 뿐이다. 그래서 이렇게 은퇴 문집에 글을 남겨도 괜찮은 걸까, 조금 망설여지기도 한다.

　　나를 소개하자면, 코로나 학번으로 입학식도, 친구도 없이 시작했던 전적대 생활을 마무리하고, 결국 편입이라는 결정을 내렸다. 나는 낯을 많이 가리는 편이다. 처음 가는 장소, 처음 만나는 사람, 처음 해보는 일 앞에서는 늘 조심스럽고, 아주 많이 긴장하게 된다. 그럼에도 불구하고, 한남대학교 기독교학과에 가면 뭔가 달라질 수 있을 거라는 (?) 희미한 기대가 있었다.

　　처음 하는 일은 언제나 그렇듯 낯설고 어렵지만, 그 기대 속에서 나는 학기 초 '멘토 교수 상담'이라는 제도를 처음 알게 되었다. 상담 일정을 확인하던 중, 내 멘토 교수님이 천사무엘 교수님이라는 사실을 알게 되었고, 이름 넉 자만으로도 자연스럽게 긴장감이 생겼다. 어떤 분일지, 어떤 이야기를 하게 될지 전혀 감이 잡히지 않았기 때문이다. 상담 자체도 나에게는 익숙하지 않은 일이었고, 떨리는 마음으로 첫 상담을 기다렸다.

첫 상담에서 가장 인상 깊었던 건 교수님의 단도직입적인 조언이었다. "매일 두 시간씩 도서관에 앉아 있어라." 그 말은 그리 낯설지 않았다. 교수님이시니까, 학생에게 공부하라고 하는 것은 당연한 일이었고, 애초에 사람들과 어울리는 일이 쉽지 않았던 나는, 그날 이후 자연스럽게 그 조언을 따르게 됐다.

옛적부터 부모님보다 선생님 말씀을 더 잘 따르는 학생(?)이었던 나는, 매일 같이 도서관에 가는 것이 어느새 하나의 루틴이 되었고, 처음 접하는 전공 수업도 점점 더 잘 따라갈 수 있었다. 그리고 그 반복이 내게 자신감을 주기 시작했다. 단지 도서관 자리를 지켰을 뿐인데, 그걸 해냈다는 감각이 "아, 나도 해낼 수 있는 사람이구나" 하는 마음으로 이끌어 주었다.

교수님께서 수업 중에 하신 말도 오래 기억에 남아있다. "당당하게 살아라. 무엇이든 할 수 있다고 믿어야 한다. 지잡대 나왔다고 생각하면, 난 아무것도 못 해, 그렇게 스스로를 규정하는 태도부터가 이미 글러 먹은 거다. 그 생각을 먼저 바꿔야 한다!"라는 말은 내게 위로처럼 다가왔다. 그 시기, 나는 편입을 준비하면서도 무의식적으로 지잡대생이라는 패배감에 지배당하고 있었고, 졸업 후에도 그냥저냥 살겠지 싶었다. 애초에 뭔가에 열정적으로 몰입하는 일에 익숙하지 않았고, 오히려 "난 안 돼"라고 믿는 게 더 편하다고 생각했었다. 그래서 교수님의 말에 엄청 뜨끔했던 기억이 난다. 돌아보면, 그 한마디가 결국 내게 좋은 변화를 가져다주었다.

교수님의 수업은 단순히 "공부하라"는 요청에 그치지 않았다. 교수님은 한국 개신교의 현실, 즉 올바른 종교관이 아니라 자신의 이득과 돈을 위해 거짓을 선동하는 모습을 직시하게 하셨다. 신앙인은 이러한 왜곡된 현실에 안주해서는 안 되며, 시대를 읽고 따라가기 위해 끊임없이 공부하고 사유해야 한다는 것을 강조하셨다.

더불어 교수님은 회개란 단순히 교회에 가서 예배하고 찬양하고 기도하는 데에서 그치는 것이 아니라, 삶의 방향과 사고방식을 근본적으로 깨고 바꾸는 일이라고 말씀하셨다. 말로 믿는다고 고백하는 것만으로는 충분하지 않고, 그것에 매몰되면 위험할뿐더러 결국은 올바르게 살아내야만 그 믿음이 진짜가 된다는 것.

사실 종교라는 것은 오랫동안 나에게 불편한 주제였다. 삶과는 거리가 있는 것처럼 보였고, 추상적이고 막연한 것을 추구하고 요구하는 느낌이었기 때문이다. 모태신앙이었음에도 불구하고, 아마도 그렇기에 나는 늘 그런 종교적 언어와 현실 사이의 괴리 앞에서 답답함을 느꼈다. 그리고 마음 한구석에서는, 이렇게 질문을 불편해하는 나 자신이 틀린 게 아니라는 걸, 어쩌면 증명받고 싶었던 것 같다. 그런 나에게 교수님의 수업과 만남은 큰 위로이자 힘이 되었다.

삶과 종교는 분리된 것이 아니라 하나로 이어져야 한다는 것, 말로 믿는다고 고백하는 것만으로는 신앙이 아니라는 것, 삶으로 증명되어야 비로소 신앙이 된다는 것.

나는 오랫동안 그 일치감의 부재 때문에 힘들었고, 지금도 여전히 답을 찾아가는 중이지만, 이제는 내 질문을 부끄러워하지 않을 수 있다. 신앙은 영원불변한 문자 속의 것이 아니라, 계속해서 시대와 삶 안에서 새롭게 살아나야 한다고 믿는다. 교수님의 수업을 들으며, 이곳에서 배운 사고를 토대로 더 많은 벽을 깨고 싶어졌다. 기존의 사고가 무너진 것에 그치지 않고, 나를 더 깨뜨리고, 더 깊게 사유하는 삶을 살아보고 싶다는 갈망이 생겼다.

짧지만 세 학기 동안, 나는 자문자답하는 법을 배웠고, 질문을 멈추지 않으며 살아가는 길 위에 서게 되었다. 삶과 신앙은 분리될 수 없다는 것, 믿음은 살아내야만 증명된다는 것을 교수님께 배웠다. 그리고 그 안에서 나는 변화를 두려워하지 않고, 오히려 변화를 자처하는 사람이 되고 싶다는 마음을 품게 되었다. 스스로 사고하고, 스스로 책임지는 일. 단지 그것에 국한되는 것이 아니라, 타인과 세계와 함께 마음껏 상호 작용할 수 있는 자율성과 용기.

교수님은 그것을 가르쳐주셨고, 그 가르침은 나에게 말로 다 설명할 수 없는 깊고 조용한 위로가 되었다. 그래서 나는 이제, 내 안에만 머무르지 않고, 더 많은 질문으로 시대와 대화하고 싶다.

다만, 이 모든 것을 너무 짧은 시간 안에 배웠다는 게, 지금 돌아보면 제일 아쉬운 일이다. 더 오래 수업을 듣고, 더 많이 교수님께 질문하고, 더 깊게 고민하고 싶었는데, 시간이 참 짧았다. 그래서 가끔은 10년만 일찍 태어났으면 어땠을까 싶은 생각도 한다. 그럼 아마, 교수님께서 학생들이 도서관에 있는지 없는지 직접 확인하러 다니셨다는, 그 유명한(?) 시절을 겪었을지도 모른다. 그 얘기는 대학교회의 박지훈 목사님께 전해 들었는데, 듣자마자 얼마나 웃었는지 모른다.

특히 아쉬운 것은 교수님께 더 좋은 질문을 드리고 싶었는데, 괜히 잘하고 싶은 마음에(잘하지 못하는 게 당연한 고작 학부생인데도), 또 아직도 남아있는 낯가림 때문에, 질문하고 싶었던 순간에도 한 박자 늦게 입을 다물었던 적이 많았다. 그게 지금 생각해 보면 참 아쉽다. 교수님께서는 늘 당당하게 살아야 한다고 말씀하셨는데 말이다. 그래서 이제는 그 다짐을 조금이라도 행동으로 옮기고 싶다. 남은 시간 동안 더 많이 배우고, 더 자주 질문하고, 더 당당하게 요구하는 학생이 되어야겠다.

그러니까, 이쯤에서 한 번쯤은 이렇게 말해도 괜찮겠지요?
교수님, 저 밥 사주세요!

천 교수님과 함께한 시간들

| 90학번 |

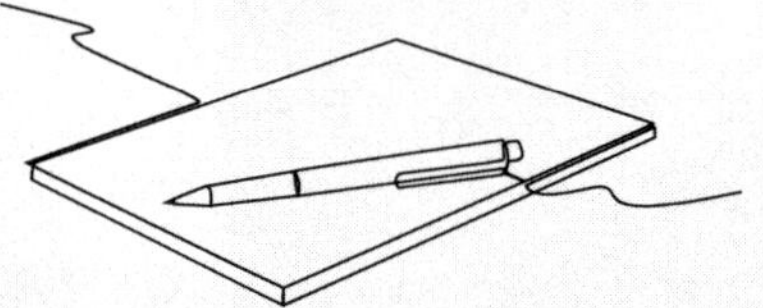

부드러운 직선

이호훈

90학번, 예수길벗교회 담임목사, 교회교육현장연구소 소장

맹자의 주요 사상을 잘 보여주는 문장 한 구절이 있습니다. "말에는 반드시 신의가 있어야 하고, 행동에는 반드시 결과가 있어야 한다. 군자는 오직 돈후(敦厚)할 뿐이다*" 인정(人情)이 두텁고 후함을 뜻하거나 친절(親切)하고 정중(鄭重)한 것을 가리켜 "돈후하다"라고 표현합니다. 그래서 돈후한 사람은 말과 행동에 진실함과 다정함이 깃들어 있습니다. 부드러우면서도 올곧음이 있고, 진정성과 깊음이 우러나 넉넉한 품을 느끼게 합니다.

제게 천사무엘 교수님은 학문과 인격과 삶에서, 돈후(敦厚)한 군자의 품격을 보여주신 선생님이십니다. 교수님과의 만남이 30년을 훌쩍 넘겼으니, 세월을 거슬러 올라가 보면 참 오래된 인연입니다. 교수님은

---

* 이 구절과 관련된 부분은 맹자(孟子)의 『등문공 상(滕文公 上)』, 『이루 상(離婁 上)』 그리고 『진심 상(盡心 上)』에서 찾을 수 있다. 맹자는 '돈후(敦厚)'란 단어를 별도로 쓰고 있진 않았지만, 군자의 이상적 품성으로 "두텁고 순박함"을 추구한다는 취지로 자주 언급한다.

풋풋한 20대 초반의 어린 제자들을 언제나 존대해 주셨습니다. 지금도 환한 미소로 강의실에 들어오시던 그 시절이 생생하기만 합니다. 교수님의 트레이드 마크인 선한 반달눈은 누구에게나 편안함을 주는 매력이었지요. 돌이켜 그때를 회상해 보면, 우리들은 정말 설익은 과일처럼 어리고 풋풋한 청년이었습니다. 더욱이 신학과 성서의 큰 세계를 배우기엔 신앙적으로도 준비되지 못했을 뿐만 아니라, 성경에 대한 이해조차 턱없이 부족했던 날 것 그대로였던 것입니다. 그럼에도 자유로운 청춘의 특권인 양, 강의실에서 기분대로 행동하고 질문하고 반항했던 순간들이 주마등처럼 스쳐 갑니다. 하지만 선생님은 이런 우리를 마주하며 한 번도 화를 내거나 얼굴을 찌푸리지 않았습니다. 제자들의 어리광과 미숙함조차도 귀하게 봐주셨던 것입니다. 저도 학생을 가르치고 만나는 자리에 있다 보니, 이제야 비로소 그 시절 선생님의 인격적인 사랑과 가르침이 얼마나 컸었는지를 깨닫게 됩니다.

교수님의 이름은 선지자 사무엘과 동명(同名)입니다. 그래서일까 사무엘의 신실함과 예언자의 당당한 모습을 신학자와 목회자로 살아온 그의 강단과 삶에서 엿볼 수 있습니다. 사실 대학교수이면서, 동시에 목사로서 성서를 가르치는 강단은 많은 것을 요구받는 자리이기도 합니다. 학문적인 성과와 결실이 신앙이란 명목하에 외면당하기 일쑤이고, 교회를 위한 신학을 이야기하면 학자의 본분을 잊었다고 책망받기 십상입니다. 불의한 세상을 향해 침묵하고 있으면 역사의식이 없는 지식인이라 책망을 받습니다. 잘못을 지적하면 목사로서 부적절하고 위험한 일이라고 질책합니다. 신학과 신앙, 교수와 목사, 대학과 교회 사이에서 어느 한쪽에도 치우쳐선 안 되는 자리에 있어야 했던 것입니다.

한 가지 일을 제대로 수행하는 것도 쉽지 않은데, 상반된 요구들을 삶 속에 다 녹여내기란 여간 어려운 게 아닙니다. 그런 점에서 교수님이 강단에서 붙들고 싸워야 했던(Struggle) 시간은 끊임없이 자신을 쳐서 복종*했던 바울과 같은 삶의 여정이었을 것입니다.

필자는 천사무엘 교수님을 생각하면 떠오르는 시(詩) 한 편이 있습니다. 도종환 시인의 <부드러운 직선>입니다.

"높은 구름이 지나가는 쪽빛 하늘 아래 사뿐히 추켜세운 추녀를 보라 한다. 뒷산의 너그러운 능선과 조화를 이룬 지붕의 부드러운 선을 보라 한다. … 휘어지지 않는 정신들이 있어야 할 곳마다 자리 잡아 지붕을 받치고 있는 걸 본다."

자신의 본분을 지키면서도 유연하고 부드러운 인격을 지닌 사람, 잘 지어진 집이 뒷산의 능선과 조화를 이루듯 시대와 역사의 길목에 항상 서 있는 사람, 제자들이 알고 기억하는 천사무엘 교수님은 그렇게 부드러운 직선처럼 오롯이 한 길을 걸어온 신학자였습니다. 휘어지지 않은 예수의 정신을 꼭 붙잡고 살아왔던 성직자이십니다. 이처럼 성서 의 가르침 그대로 우직하게 걸어온 그를 추억한다는 것이 얼마나 기쁘 고 감사한지 모릅니다. 2019년, 천사무엘 교수님은 자신의 스승이었던 김찬국 교수님의 평전을 썼습니다. 그는 작고하신 자기의 스승인 김찬 국 교수를 "미소의 예언자"라고 소개합니다. 사랑하면 닮아간다는 말

---

* 형제들아 내가 그리스도 예수 우리 주 안에서 가진 바 너희에 대한 나의 자랑을 두고 단언 하노니 나는 날마다 죽노라(고전 15:31).

처럼, 천 교수님도 존경하는 당신의 스승을 닮아 "미소의 선지자"가
된 것은 아닌지 생각해 보게 됩니다. 이러한 마음이 들면, 저도 조금이
나마 선생님의 발치라도 따라가야지 결심해 보지만, 매번 모자란 저
자신을 보게 되어 고개가 숙여집니다.

"만약 누군가 제게 천사무엘 교수님이 어떤 분이냐고 묻는다면, 나는
무엇이라고 말할까?"

문득 글을 써 내려가다 스스로 자문(諮問)해 봤습니다. 저는 단박에
아우구스티누스(Augustinus)의 스승이었던 암브로시우스(Ambrosius)와
같은 분이라고 대답했을 것입니다. 어찌 저와 같이 지극히 작은 소자가
감히 기독교 역사에서 가장 위대한 교부들을 빗대어 말할 수 있겠습니
까? 물론 어불성설이지요. 그럼에도 이렇게 말할 수 있는 것은 암브로
시우스가 아우구스티누스의 회심에 결정적인 역할을 했던 것처럼, 저
에게도 비슷한 경험이 있기 때문입니다. 아우구스티누스는 한때 마니
교(Mani-교)에 심취해서 방황했던 적이 있습니다. 하지만 스승인 암브로
시우스를 만나면서 그의 인생은 180도 바뀌게 됩니다. 암브로시우스는
지적이면서도 성경을 비유적으로 해석하는 설교를 통해 아우구스티누
스의 성경에 대한 오해를 풀어주었고, 기독교에 대한 거부감을 없애
주었습니다. 특히, 암브로시우스가 설교할 때 보여준 성경 해석의 깊이
와 지혜는 아우구스티누스의 지성적 갈증을 해소하는 데 큰 역할을
했습니다.
　　물론 제가 방탕하거나 곁길로 갔다가 다시 돌아오게 된 탕자였다는

것은 아닙니다. 1996년 여름, 저는 천사무엘 교수님과 이스라엘에서 한 달 동안을 함께 보냈습니다. 길보아산 인근에 위치한 에인 하로드 (Ein Harod)란 키부츠에서 유대인들과 더불어 생활했던 것입니다. 오전 엔 모던(Modern) 히브리어를 배우고, 오후엔 유대인 가정에서 식탁 교제를 나누고, 주말엔 성지여행도 했습니다. 당시 저는 여름학기로 대학을 졸업한 상태였습니다. 한신대 신학대학원을 가기 위해 준비하던 중이긴 했지만, 여전히 진로에 대해 고민하고 갈등하던 중에 이스라엘을 가게 되었던 것입니다. 이런 상황에서 교수님과 보낸 이스라엘에서의 한 달은 제 인생의 기로(岐路)에서 가장 중요한 전환점이 되었습니다. 신학적인 주제를 넘어 인간 존재에 대한 이해, 그리스도인의 삶과 소명 등 깊은 대화와 나눔 속에서 막연했던 제 영혼에 한 줄기 빛을 보게 된 것입니다. 무엇보다 새로운 도전에 대한 확신을 가질 수 있었습니다. 교수님과 동행했던 그 시간이 지금 여기까지 오늘의 나를 있게 한 힘과 용기와 믿음이 되었던 것입니다.

요즘, 많은 이들로부터 지금 우리 시대는 '참된 어른'이 필요할 때란 이야기를 자주 듣습니다. 더욱 각박해지고 혼란스러운 세상 속에서 참된 지표가 될 사람을 볼 수 없고, 위로와 격려에 대한 목마름이 크기 때문입니다. 삶의 깊이와 따뜻함으로 존경받는 어른. 세상의 속도에 휘둘리지 않고 곧은 길을 묵묵히 걸어가는 어른. 천사무엘 교수님은 기독교학과에 그런 어른이셨습니다. 무엇보다 언제나 좋은 친구처럼 다가와 주시는 어른이 옆에 계시니, 저는 참 행복한 대학 시절을 보낸 사람입니다. 축복받은 사람이라 자부(自負)할 수 있습니다.

작년에 저는 『지거 쾨더, 성서의 그림들』이란 책을 번역했습니다.

현대미술의 대표적 성화 작가인 지거 쾨더가 성경의 말씀을 주제로 그린 103점의 작품을 엮어 만든 그림 묵상집입니다. 책이 출간되고, 작품과 관련된 북 토크와 강의를 여러 곳에서 하게 되었습니다. 그때마다 꼭 나왔던 질문이 있습니다. 번역자로서 쾨더의 그림 가운데 어떤 작품을 가장 좋아하냐는 것입니다. 103점의 그림이 각각의 고유함과 의미를 담고 있어 모두 훌륭하지만, 제게 그중 하나를 선택하라면 언제나 이사야 11장* 말씀을 소재로 그린 「그루터기에서 피어나는 장미」를 꼽습니다. 쾨더에게 있어서 장미는 희망의 상징이고, 죽음을 딛고 일어서는 부활의 기쁜 소식과도 같습니다. 그루터기에서 움튼 한 송이 장미는 절망과 죽음의 그림자가 드리운 세상에, 여전히 붉게 물든 하나님의 사랑이 희망으로 자라가고 있음을 보여줍니다.

이제 퇴임하시며 강단을 떠나게 될 천사무엘 교수님께, 저 또한 지거 쾨더의 장미 한 송이를 꼭 드리고 싶습니다. 구약성서의 예언자들이 외쳤던 이 땅에 이루어질 하나님 나라를 꿈꾸며 오롯이 신학자의 길을 걸어오신 교수님께, 참 소망의 장미 한 송이를 드립니다. 우리 주님 예수 그리스도께서 걸어가신 십자가 구원의 복음을 전하며 한결같이 목회자의 길을 살아내신 목사님께, 사랑의 장미 한 송이를 드립니다. 천사무엘 교수님의 퇴임은 멈춤이 아니라, 영원한 주의 나라를 향한 새로운 시작이 될 것입니다. 천사무엘 교수님 걸어온 발자국 발자국마다 하나님의 은총이었습니다. 앞으로 계속될 교수님의 인생 순례의 길 위에 주의 선하심과 인도하심이 함께하길 축복합니다.

---

* 이새의 그루터기에서 햇순이 나오고 그 뿌리에서 새싹이 돋아난다(사 11:1, 공동 번역).

『지거 쾨더, 성서의 그림들』, 150쪽

누군가의 길을 비춰주는 삶을 사신 교수님께

고봉신

93학번, 태국 선교사(치앙마이)

한동안 사역으로 인해 정신없었던 저에게 교수님의 은퇴 소식과 이 글을 작성하게 되면서 30년 전의 저의 여정을 다시 되돌아보게 되는 시간입니다. 교수님께 참 많은 도전과 도움을 받았음을 다시 한번 상기하게 되면서 감사를 드리게 됩니다.

저는 93학번으로 기독교학과에 입학했습니다. 그 해는 기독교학과가 생긴지 4년째 되어서 온전한 모든 학년을 채운 해였습니다. 선배님들도 열심히 있으셨고 저도 그 흐름을 따라 배우려고 노력을 하던 때였습니다. 유난히 학과가 꽉 찼던 해였고, 많은 이들이 신학에 대한 열정을 품고 한자리에 모였던 때였습니다. 선배들은 한마음으로 똘똘 뭉치고 교수님들과도 깊은 친분을 가졌습니다. 더욱이 천 교수님은 한남대에 오시자마자 이런 학과의 분위기를 더욱 뜨겁게 만드셨습니다. 이스라엘 성지순례를 학생들을 데리고 다녀오시고 학생들을 실제적으로 키워보시려고 최선을 다하시는 활동적인 분으로 기억합니다. 당신 제가 기독교학과에 들어간 것은 신앙이 있어서가 아니라 저의 영적인 가족사 때문에 들어간 것이라 아직 신앙적인 고민과 반항심이 커졌던 시기였고, 성격도 내성적이라 아웃사이더였던 탓에 실제로 교수님과의 접점은 히브리어 한 과목뿐이었습니다. 매시간 히브리어 단어 쪽지시험을 보셨고 기말시험 문제도 아직도 기억납니다. 창세기 1장을 히브리어로 쓰고 번역하시오. 요즘 아이들 말로 완전 맨붕이었습니다. 음… 점수는 기억하고 싶지 않은 점수였던 것 같습니다.(웃음)

당시 90·91학번 선배님들을 데리고 이스라엘을 다녀오셨었는데, 그곳에서 히브리어를 가르치시고 배웠다고 그래서 히브리어가 재미있었다는 선배들의 이야기를 들으며, "정말 열정적으로 학생들과 함께해주시는 분이 계시는구나"라고 생각했지만, 그 안으로 들어간 선배들이 부러운 동시에 그분은 너무나 엘리트 같고, 저에게는 닿을 수 없는 분처럼 느껴졌습니다.

오시자마자 기독교학과는 한 단계 더 활기를 찾아가는 듯했습니다. 동남아시아연구소를 만드시고 과를 넘어 여러 가지 활동을 활발하게 하시면서 정말 역동적인 일들을 만드셨습니다. 저와는 상관없는 일이라는 생각이 많았고 그렇게 저는 조금 멀리서 교수님을 바라보며 선교지로 향했습니다.

졸업 후 저는 태국 치앙마이로 향하게 되었습니다. 가족도 기독교 가정이 아니라 홀로 단기선교사로 나섰고, 학교와는 어떤 접점도 생각하지 못했습니다. 장기 선교사님을 도우며 태국과 산족 마을을 오가며 조용히 사역을 이어갔습니다. 아무도 알아주지 않는 것 같은 선교지에서, 처음에는 막연한 외로움과 싸워야 했습니다.

그런 저에게 기적 같은 순간이 찾아왔습니다. 교수님께서 태국에 오셨고, 산속에서 사역하고 있는 저를 찾아와 안수해 주시며 이름을 불러 기도해 주셨습니다. 지금도 그 순간은 너무 특별해서 저의 머릿속에 사진처럼 남아있습니다. 산속에서 더위를 이기며 가정들을 심방하고 기도해 주고 나온 후였습니다. 심방을 마치고 장기 선교사님과 다른 많은 사람들이 산을 뒤로하고 함께 있었습니다. 교수님은 너무나도 작고 보잘것없는 저를 자랑스러워하는 얼굴로 다가오셔서 제 머리에 손을 얹으시고 소리 내어 선포하듯이 기도해 주셨습니다. 그 자리에 내가 주인공이 된 것처럼 느꼈습니다. "나는 혼자가 아니구나"라는 마음, 누군가 내 이름을 불러주고, 나를 위해 기도해 준다는 사실은 너무나 깊은 위로였습니다. 너무나 특별하고 다른 세상에 사는 분처럼 느껴졌던 교수님이 이곳까지 오셔서 더 큰 꿈을 꾸도록 지경이 넓혀지는 기도를 해 주셨습니다. 그 특별한 기도의 순간이 제게 더 큰 꿈을 꾸게 해주었습니다.

교수님께서는 안식년을 맞아 호주로 가셨고, 비자 연장을 위해 3개월마다 태국 국경을 넘어야 했습니다. 마침, 그 시기에 교수님께서 저를 호주로 초대해 주셨습니다. 시드니와 브리즈번의 해변을 밟으며, 저는 마치 영화 속 한 장면에 있는 듯한 벅찬 감정을 느꼈습니다.

그곳에서 교수님은 재워주시고 사모님은 식사를 준비해 주시고 가는 순간까지 제 손에 도시락으로 김밥을 싸주시고, 직접 구운 빵을 내어주셨습니다. 그리고 그날 밤, 교수님과 처음으로 깊은 대화를 나누며 진정한 친밀함을 경험했습니다. 제가 평소에 멀게 느꼈던 그분이, 사실은 얼마나 따뜻하고 사람을 특별하게 만드시는 분인지 너무 감사하였습니다.

이후 한국에 갈 때마다 저는 교수님을 찾아뵈었습니다. 교수님은 언제나 반가워하시며, 마치 가족처럼 챙겨 주셨습니다. 제가 사드려야 하는데 매번 식사를 사주시고, 태국에서 너무 원시인처럼 사는 것을 보셔서인지 대전의 볼거리도 데리고 다니시면서 따뜻함을 느끼게 해주셨습니다. 사모님이 건강이 안 좋으신 후에는 저의 건강을 걱정하시면서 한 두 시간 건강 강의를 또 그렇게 열정적으로 말씀해 주셨습니다. 말씀도 아끼지 않으시고, 여전히 열정적으로 가르쳐주셨습니다.

제가 만난 교수님은 이런 분이셨습니다. 교수님에게 찾아 들어온 사람은 최선을 다하며 아낌없이 베푸시는 분⋯ 그분으로 인해 더 사람을 사랑하고 세워주고 관계를 맺어야겠다는 마음⋯ 찾아가는 사람이 되어야겠다는 생각을 갖게 하셨습니다.

한국에 가서 찾아뵙던 어느 날, 인사하고 돌아가고 있는데 급하게 교수실 창문으로 부르셨습니다. 잠깐만 들어와 보라고⋯ 저에게 "너와 열정이 비슷한 친구가 있다"라며 황성은 목사를 만나게 하셨습니다. 사실 저는 여전히 나에게 찾아오지 않으면 그 자리에서 묵묵히 일할 뿐 누군가를 찾아가는 사람은 아니었습니다. 이 만남이 과연 필요할까? 하는 생각을 가졌지만, 교수님의 열의로 식사 자리를 가졌고, 그렇게 시간이 흘러 만난 지 6개월 후에 황성은 목사에게 연락이 와서 지금 함께 선교 협력을 하고 있는 후배 장성우 전도사를 훈련생으로 보내주었습니다.

그 인연으로 장성우 전도사의 가정이 저의 센터에서 3년째 선교 훈련을 받았고, 앞으로 선교사로서의 마음을 품고 기도 중에 있습니다.

교수님의 연결은 단순한 소개가 아니라, 하나님의 인도하심처럼 느껴졌습니다.

또한 태국 아이들에게 기회 주셨던 것에도 감사하다는 말씀을 전하고자 합니다.

10년 전에 제가 한국에 왔을 때 한국에 관심이 많은 한 친구에 대해 고민을 하고 있었습니다. 또 교수님은 제시를 하여 주었습니다. 한국으로 보내서 키워보는 것은 어떻겠냐고… 저는 또 눈이 번쩍 뜨였습니다. 사실 저는 주 파송교회가 있지 않았기 때문에 그런 일들은 너무 큰일로 느껴져서 생각도 못한 일이었는데, 동남아 학생들에게 장학금제도와 후원제도가 있다는 말씀을 하시면서 생각해 보고 아이들을 키워보라고….

교수님은 동남아의 아이들에게 기회를 주고 싶다며, 유학을 보내라고 하셨습니다. 그 친구는 결국 갈 수 없었지만, 그 말씀은 제 마음에 깊이 남아있었습니다. 그리고 10년이 지난 지금, 마침내 저의 센터에서 어릴 때부터 자란 프러이를 한국에 보낼 수 있게 되었습니다.

프러이라는 학생이 한국 유학을 앞두고 두려움을 가질 때, 교수님은 지난해 1월에 한남대 봉사단을 보내주셨습니다. 후배들과 함께 관계를 갖을 수 있었고, 한남대의 여러 가지 상황들도 듣게 되었습니다. 무엇보다 몇 달 뒤 한국으로 갈 프러이에게 든든한 지원군이 생겼습니다. 그 경험을 통해 저는 다시 한번 한남대를 생각하게 되었습니다.

기독교학과의 의미를 기억하게 하시고, 남겨진 후배들을 위해 기도하게 하십니다. 교수님의 삶은 저에게 도전이 되었고, "이 시대의 어른이 필요하다"라는 마음과 함께 언젠가 나 역시 그런 어른이 되어야겠다는 다짐을 품게 됩니다.

교수님이 떠나시기 전에 그 길을 함께 걸어주셨고, 그 결과는 저희 아이들과 가난한 이 태국 마을 사람들에게 큰 도전이 되었습니다. 이렇게 어려운 환경에서도 유학을 갈 수 있다는 가능성이 그들에게 새로운 희망이 되었습니다.

프러이는 지금 한국에서 잘 성장하고 있습니다. 교수님께서 제가 드린 태국 지도를 잘 보이는 곳에 걸어놓으셨다며 좋아라 하고 저에게 연락을 해옵니다. 그래서 자신도 저에게 누가 되지 않도록 더 열심히 공부해야겠다 합니다. 교수님의 은퇴 소식을 들었을 때, 저는 마치 연이 끊어진 듯한 마음이 들었습니다. 내가 학창 시절 존경했던 교수님들이 하나둘씩 은퇴하시고, 이제는 한남대를 가도 손님 같은 느낌이 드는 것이 사실입니다.

하지만 그와 동시에 제 마음엔 기도가 피어납니다. 나도 누군가에게 그런 어른이 되고 싶다는 소망, 이제는 학생으로서가 아닌 어른으로 교수님처럼 후배들을 귀하게 여기고, 그들의 이름을 불러주는 사람이 되고 싶다는 꿈입니다. 다음 세대의 선교사와 참 크리스천 리더들이 될 수 있도록 존재가 빽이 되는 참 어른이 되어 끌어줄 수 있는 사람이 되게 하소서.

교수님 늘 건강하시기를 기도합니다. 저에게 한남대 '집'이 되어 주셨던 교수님. 교수님처럼, 저도 누군가에게 그러한 어른이 되기를, 삶의 나침반이 되어 주는 존재가 되기를 기도합니다.

교수님의 삶이 저와 우리 공동체에 남긴 흔적은 너무나 깊고 귀합니다. 은퇴는 끝이 아닌 또 다른 시작이라 믿으며, 그 여정에 하나님의 은혜가 충만하기를 간절히 기도드립니다. 진심으로 감사드리고, 존경합니다.

תודה רבה (토다 라바), 교수님

이 도 경

93학번, 영어 강사

목사님도 교수가 처음이셨던 내 대학 2학년 그 시절, 어느덧 까마득한 옛날이 되어버렸지만, 기억 한 편에는 마치 엊그제 일처럼 생생하기까지 하다. 새 학기를 맞아 수업을 들으러 문과대로 향하던 93학번 우리 여자 동기들. 늘 웃음이 끊이질 않고 유난히 활기차고 밝았던 우리는 새로운 구약학 교수님이 오신다는 소식에 그날따라 유난히 들뜬 마음으로 이야기 꽃을 피우며 문과대로 향했던 거 같다. 30대의 젊은 교수님이 오신다는 말에 기대도 컸고, 궁금함도 많았던 우리였다. 돌이켜보면 목사님도 너무나 젊으셨고 우리도 참 어렸던 시절이었다. 그렇게 우리는 설렘 속에서 기독교학과에 새로운 구약학 교수님으로 천사무엘 목사님을 맞이하게 되었다. 그동안 우리 학과에는 없었던 구약학 교수님을 드디어 모시게 된 것이었다.

목사님을 떠올리면 제일 먼저 생각나는 건 지금도 여전하시지만, 항상 반달 모양의 눈웃음을 지으시며 반갑게 맞아 주시던 모습이다.

내가 학생이었을 때도, 조교가 되어 교수님 연구실 문을 두드릴 때도 한결같은 따뜻한 미소로 나를, 동기들을 그리고 동료 조교들을 반겨 주셨다. 언제 어디서나 다정하게 맞아 주시고, 집까지 초대해서 학생 시절의 우리들에게 식사도 대접해 주시고, 조교가 된 후에는 조교들에게 맛있는 점심도 사 주시며 늘 챙겨 주시던 모습이 잊히질 않는다.

학창 시절엔 영어 바이블 스터디 모임을 만들고 싶어 하던 몇 명이 함께 목사님께서 그 모임을 이끌어 주셨으면 좋겠다고 말씀을 드렸을 때도, 망설임 없이 흔쾌히 허락해 주셨다. 덕분에 매주 목사님 연구실에 모여 영어도 배우고 말씀을 나누며 교제를 할 수 있었던 소중한 시간을 가졌다.

무엇보다 인상 깊었던 것은 목사님의 히브리어 강의였다. 언어에 관심이 많았던 나였지만 히브리어는 전혀 다른 세상의 언어라는 생각이 들었다. 처음 마주하는 히브리어는 도무지 글자인지 그림인지조차 분간이 어려웠고, 왼쪽에서 오른쪽으로 읽어가야 하는 보통의 언어들과는 달리 오른쪽에서 왼쪽으로 읽어가는 방식이 생소하기만 했다. 게다가 우리가 배워야 했던 건 현대 히브리어도 아닌, 성경을 읽을 때 필요한 고대 히브리어였으니, 그 낯설고 까다로운 언어를 한 학기 안에 익히는 것이 가능할까 싶기도 했다. 히브리어 알파벳을 외우고, 발음을 익히고, 짧게나마 성경 본문을 읽는 데까지 나아가야 했던 그 과정은 결코 쉽지 않게만 느껴졌다. 하지만 목사님께서 기초부터 차근차근하게 가르쳐 주신 덕분에 열심히 수업만 따라갔을 뿐인데 어느새 히브리어가 점점 눈에 익고, 자연스럽게 익숙해져 가기 시작했다. 다행히 히브리어는 영어와 어순이 같아서 목사님과 영어 바이블 스터디를 했던 것도 히브리어 수업에 많은 도움이 되었던 거 같다. 히브리어 수업을 시작한 이후로는 힘들다거나 지루하다고 느껴진 적이 없었고, 새로운 언어를 하나씩 익혀간다는 사실 자체가 그저 흥미로웠고, 그 과정이 즐거웠다. 감사하게도 좋은 성적도 덤으로 얻었다.

히브리어 수업은 그걸로 끝이 아니었다. 어느 날 목사님께서 이스라엘에서 한 달간 진행되는 히브리어 연수 프로그램을 계획 중이라고 말씀해 주셨다. 현대 히브리어를 현지에서 직접 배울 수 있는 기회를 가지게 된다는 것이었다. 건국대학교 히브리어학과에서 꾸준히 진행해 오던 프로그램에 그해에는 우리 학과도 함께 참여할 수 있도록 조율 중이라고 하셨다. 한 달 동안 이스라엘의 키브츠에 머물면서, 주중에는 히브리어 수업을 듣고, 주말에는 성지순례를 하는 일정이라는 이야기를 듣는 순간, 가슴이 두근거릴 정도로 설레었다. 그 프로그램을 소개하시는 목사님도 무척 설레시는 모습이었다. 무엇보다 이스라엘이라는 장소 자체가 주는 특별함에 마다할 이유가 없었다. 게다가 한 달간 연수 프로그램이 끝난 후에는 유럽으로 이어지는 여행 계획까지 구상하고 계신다는 말씀에 상상만으로도 기대감이 가득했던 기억이 난다. 기독교학과 교수님으로 오신지 몇 년이 되지 않은 시점에서 기독교학과 학생들을 위해 애쓰시고 그런 귀한 기회를 직접 준비하고 계시다는 사실만으로도 무척이나 대단하게 느껴졌고 감사한 마음이 들었다. 강의실 안에서의 수업을 넘어 현장 속에서 보고, 배우고, 느낄 수 기회를 마련해 주시려는 열정에 크게 감동했다.

그렇게 우리는 한 달간의 히브리어 연수 프로그램에 참석하기 위해 이스라엘로 떠나게 되었다. 대학 4학년, 생애 처음 밟아본 이스라엘 땅에서의 경험은 지금도 잊을 수 없을 만큼 너무나 아름답고 특별한 기억으로 남아있다. 지금껏 어느 나라에서도 느껴보지 못했던 최고의 기억으로. 우리가 머물렀던 숙소는 길보아 산이 바로 앞에 보이는 곳이었고, 매일 아침 눈을 뜨면 마치 성경의 세상 속으로 들어온 듯한 느낌을 받곤 했다. 오전에는 현지 선생님으로부터 히브리어 수업을 받고, 점심 식사 후에는 수영을 즐기며 쉬다, 오후에는 배운 내용을 복습하며 하루하루를 보냈다. 중간중간 교수님들과 시간을 보내고, 이스라엘 가정을 방문하기도 하고, 유대인들의 안식일 예배도 체험하며 보냈던 주중의 일정들도 정말 소중했다.

주말마다 진행된 성지순례는 더욱 특별했다. 천사무엘 목사님과 히브리어학과 교수님 두 분의 인솔하에, 우리는 성경에 등장하는 많은 장소들을 직접 걸으며 말씀을 마음에 새겨갔다. 무엇보다 감사했던 것은 교수님들과 함께한 덕분에 일반적인 성지순례 프로그램에서는 쉽게 가 볼 수 없는 특별한 장소들까지 방문할 수 기회를 가졌다는 점이다. 그뿐만 아니라, 각 장소마다 교수님들께서 들려주신 성경 이야기와 배경 설명 덕분에, 그 여정은 단순한 여행이 아니라 성경을 눈으로 보고, 마음으로 체험하는 깊은 시간이 될 수 있었다. 많이 걸어야 했고, 쉽지만은 않은 여정이었지만 그래도 너무나 행복한 시간들이었다. 천사무엘 목사님이 구약학 교수님이 아니셨다면 결코 누릴 수 없었을 정말 귀하고 값진 시간이었다.

그곳에서 진행된 히브리어 수업 역시 매우 뜻깊은 시간이었다. 한국에서 들었던 수업 덕분에 낯선 이스라엘 현지에서도 현대 히브리어를 어렵지 않게 익힐 수 있었다. 졸업식 때는 히브리어학과 교수님의 도움을 받아 집적 히브리어로 졸업 답사를 써서 낭독하는 영광을 누릴 수 있었다. 지금은 대부분 다 잊어버리고 히브리어 글자를 보고 겨우 발음만 할 정도이지만, 히브리어를 볼 때면 나에겐 더 이상 낯선 외국어라기 보다 내게 특별한 추억을 불러일으키는, 마음 깊은 곳에 남아있는 언어가 되었다. 목사님이 이끌어 주신 영어 성경 공부와 히브리어 수업을 통해 단지 학문적인 배움을 넘어, 이스라엘까지 이어지는 소중한 여정으로 연결되었다. 그런 소중한 시간과 추억을 만들어 주신 목사님께 마음 깊이 감사를 드린다.

그때는 어려서 마냥 좋기만 하고, 신기하고 즐겁기만 했었는데, 최근에 목사님을 다시 뵙고 그 연수를 준비하시느라 정말 힘드셨다는 말씀을 듣고서 이제 나도 그때의 그 수고가 어떤 것이었을지 충분히 이해할 수 있는 나이가 된 것 같다. 돌이켜 보면 단 며칠이 아닌 한 달간의 연수 일정에 더해 유럽까지 이어지는 모든 일정을 목사님 혼자서 준비하시고, 많은 학생들을 인솔하셨어야 했을 책임감과 부담감은 결코 가볍지 않았을 것이다. 국내도 아닌 낯선 외국 땅에서 모든 일정과 예측할 수 없는 돌발 상황까지 고려하며 학생들을 이끌어야 하셨을 그 무게를 그때는 미처 생각하지 못했다. 사실 주말마다 차량으로 이동할 때면 항상 무장한 군인이 우리와 함께 동행했었다. 지금도 이스라엘은 여전히 긴장감이 감도는 나라지만, 그 당시에도 테러의 위협에서 결코 자유로울 수 없었기 때문에 그런 상황 속에서 학생들을 책임져야 했을 인솔자의 부담은 상당히 컸을 것이다. 게다가 지금처럼 스마트폰이 있던 시절도 아니었기 때문에, 유럽에서는 목사님이 직접 종이 지도를 들고 다니시며 길을 찾으셨고, 숙소를 하나하나 다 예약해 주시면 아무 생각 없이 그저 룰루랄라 즐기며 따라만 다녔을 뿐이었다. 이제와 돌이켜보면 그 모든 수고와 배려가 우리를 위한 것이었음을 그리고 그 안에 담긴 사랑과 책임감을 새삼 깊이 깨닫게 된다.

천사무엘 목사님에 대한 또 하나 잊을 수 없는 기억은 내가 기독교학과 조교로 일하던 시절의 일이다. 목사님께서는 언제나 우리 조교들의 이야기에 귀 기울여 주셨고, 때로는 앞장서서 문제를 해결해 주시기도 하셨다. 한번은 문과대 전체 조교 연수가 있었는데, 지금이라면 매우 심각하게 여겨질 수 있는 일이 연수 중에 벌어졌다. 직접적으로 기독교학과 조교들이 피해를 입은 것은 아니었지만, 도저히 그냥 넘길 수는 없는 일이었기에 결국 그 모든 상황을 당시 학과장이셨던 천사무엘 목사님께 말씀드리게 되었다. 사실 조교라는 위치에서 어떤 문제를 공식적으로 제기한다는 것은 결코 쉬운 일이 아니었기에 목사님께 말씀을 드리는 것이 그 당시엔 최선이었다. 목사님께서는 조금의 망설임도 없이 우리 편에 서 주셨다. 목사님은 곧바로 해당 교수님을 직접 찾아가셔서, 어떤 점이 잘못되었는지 분명히 짚으시고, 다시는 그런 일이 일어나지 않도록 강력히 요청하셨다. 요즘도 대학 내에 문제가 생기면 서로 감싸거나 자신과 직접 관련이 없는 일에는 쉽게 나서지 않으려는 모습을 종종 보게 된다. 하지만 그때의 목사님은 그러시지 않으셨다. 당시 나이 어린 조교의 눈에 비친 학과장이셨던 목사님은 손해 보지 않으시려고 침묵을 지키시기보다 늘 당당하게 옳지 않은 일에는 분명하게 "옳지 않다"라고 말씀하시는 분이셨다. 그래서 우리는 힘든 일이 있거나 어려운 상황이 생길 때는 목사님께 언제든지 스스럼없이 말씀드릴 수 있었다. 항상 우리를 존중해주셨고, 우리를 대변해 주시며 우리 곁에 있어 주셨던 든든한 어른이셨다.

　인생의 한 챕터를 은퇴로 마무리하시고, 또 다른 여정을 향해 새로운 챕터를 열어 가시는 목사님을 떠올리며 이 글을 써 내려가다 보니, 자연스레 나도 내 어릴 적 대학생 시절과 조교로 지냈던 시간들 그리고 기독교학과에서 함께 했던 소중한 순간들을 되돌아보게 된다. 그 시절의 따뜻한 기억들에 잠겨 있다 보니 그 시간이 그리워진다. 그때의 우리는 참 순수했고 함께여서 더 행복했다. 하나님의 사랑 안에서 하나되어, 웃음이 끊이지 않았던 우리의 대학 생활. 문과대 MT, 학교 축제, 체육 대회가 있을 때면 다른 학과 아이들이 재들은 술도 안 마셨는데 마치 술 취한 아이들처럼 신나게 논다는 얘기를 할 정도로 우리는 모든 순간을 열정적으로 즐겼다. 그 무엇 하나 소홀함 없이 보내왔던 그 시간들 속에 목사님도 우리와 함께 하셨다. 그때의 우리가 목사님의 기억 속에 따뜻한 미소와 행복한 추억으로 남아 있기를 바라본다. 인생의 새로운 계절을 맞이하시는 목사님의 앞으로의 여정에도 하나님의 은혜와 더 큰 기쁨이 가득하기를 진심으로 소망한다.

교수님과 함께한 30년

이어진

93학번, 시드니제일교회 담임목사

언젠가 응급의료센터를 배경으로 한 드라마의 한 장면을 본 기억이 납니다. 여기저기 피를 흘린 채 쓰러져 들것에 실려 오는 환자들 그리고 그들을 살리기 위해 고군분투하는 의료진들. 마치 폭탄이 떨어진 전쟁터 한복판을 보는 듯한 장면이었습니다.

저는 호주 시드니의 한 이민교회에서 목회를 하고 있는 목사입니다. 시드니의 하늘과 바다, 숲과 나무, 자연도 도시도 모든 것이 눈부시도록 아름답기만 합니다. 거리를 지나는 사람들의 표정도 평온합니다. 그러나 영적인 눈으로 보면, 이민 목회의 현장은 매일매일이 치열한 영적 전쟁터와도 같습니다. 어디 이민교회만 그러하겠습니까? 모든 목회의 현장이 그러하지요. 죽어가는 영혼 살리는 일이 가만히 앉아서 되는 일이 아니지 않습니까?

때로는 이런 치열한 목회 현장에서 잘 버텨내고 있는 제 자신이 참 대견하게 느껴지기도 합니다. 이런 저의 삶을 돌아볼 때마다 세월이

지날수록 더욱 선명해지는 깨달음이 하나 있습니다.

"내가 잘나서가 아니었구나. 하나님께서 내 곁에 참 좋은 믿음의 선생님
들을 보내주셨고, 그분들을 통해 오늘의 내가 빚어진 것이었구나."

천사무엘 교수님은 저에게 그런 분이셨습니다. 오늘의 저를 만들어
주신 참 고마운 선생님이셨습니다.

저의 20대, 아무것도 모르던 철부지 신학생 시절, 교수님께서는 저
희를 붙들고 신학의 기초를 다질 수 있도록 인내하며 가르쳐 주셨습니
다. 따라오는 속도가 느려 답답하셨을 텐데도 한결같이 기다려주셨지
요. 포기하지 않고 저희들을 이끌어 주셨습니다. 특별히 기억에 진하게
남는 것은 히브리어 수업입니다. 설렁설렁 넘기지 않으시고, 철저하고
엄격하게 가르쳐 주셨던 당시 수업의 분위기가 지금도 생생합니다. 늘
천사 같은 미소를 머금고 계셨지만, 그래서 더 무서웠고 많이 부담스러
웠습니다. 하지만 지금 돌아보면 교수님의 엄격함이 저희에게 얼마나
큰 유익이었는지를 깨닫습니다. 그때로부터 10년이면 강산도 변한다는
세월이 벌써 세 번이나 지났는데, 그 오래전 배우고 익힌 히브리어가
지금까지도 제 머릿속에 남아있습니다. 여전히 목회 현장에서 유익하
게 사용하고 있습니다.

저의 30대 배고팠던 유학 시절, 교수님은 저에게 어미 새와 같은
분이셨습니다. 시드니까지 찾아오셔서 피자와 스파게티로 배불리 먹여
주셨지요. 헤어지기 전 건네주신 흰 봉투에는 책을 사보라며 용돈까지
담아 주셨습니다. 그걸 어떻게 잊겠습니까? 그 사랑과 격려 덕분에 저

는 유학 시절의 외롭고 고된 시간들을 버틸 수 있었습니다.

저의 40대, 교목실장이셨던 천사무엘 교수님과 함께 저는 모교를 전임 교목으로 섬기며, 많은 것을 배우고 훈련받을 수 있었습니다. 크고 작은 예배와 프로그램들을 기획하고 진행하며, 때로는 감당하기 버거운 순간들도 있었습니다. 좌절도 있었고, 가슴이 벅차오르는 감동의 순간들도 있었습니다. 그 시절, 저는 "캠퍼스 미션"이라는 기독교 잡지를 발행하고, 한남대학교 60주년을 기념하는 설교집을 간행하는 일에도 참여하였습니다. 처음 시도해 보는 큰 프로젝트였기에 두려움이 컸지만, 하나님께서 제 능력의 한계를 넘어설 수 있도록 도우셨고, 무엇보다도 교수님의 지도가 있었기에 결국 좋은 결실을 맺을 수 있었습니다. 이 과정은 저에게 도전이었을 뿐만 아니라, 사역자로서의 시야를 넓히고 한 단계 더 성장할 수 있는 소중한 기회가 되었습니다. 그리고 그 모든 경험들은 오늘 저의 목회 현장에서 너무나도 귀한 자양분이 되고 있습니다.

그렇게 살아오다 보니 어느덧 저도 50대가 되었습니다. 이제는 도움을 받기보다 누군가에게 도움을 주어야 하는 자리에서 사명을 감당할 때임을 깨닫습니다. 교수님께서 그러하셨듯이, 저 역시 저의 제자들에게 또한 목양지의 성도들에게 따뜻한 마음과 사랑을 나눠주는 삶을 살아가겠습니다. 그것이 교수님께서 저에게 베풀어 주신 사랑과 은혜에 보답하는 길이라 믿기 때문입니다.

사랑하고 존경하는 천사무엘 교수님, 건강하시고 행복하십시오. 교수님의 정년 퇴임을 진심으로 축하드립니다.

시대의 죽비(竹篦), 심비(心碑)에 새길 이름,
따뜻한 신학자 천사무엘

김용구

94학번, 한남장애인심리상담센터장, 한남대 겸임교수

1994년도에 입학을 해서 2000년 되는 해에 학부를 졸업했으니, 벌써 교수님과 인연이라 한다면 30년쯤 되지 않았을까 싶다. 그러나 공부하는 사람이라면 어떻게든 애써서 잘 밀어주셨던 천 교수님과는 좀처럼 가까워질 수 없는 나의 삶이기도 했다. 저명한 신학자요, 냉철한 시대정신을 가르치시는 분과 공부를 게을리하고 시대정신에는 관심 없던 나는 천 교수님은 그저 '학과 교수님' 그 이상, 그 이하도 아니었다. 그러나 때때로 수업 시간과 설교 말씀에서 시대를 읽는 예언자적 사명을 이야기하시고, 성서를 공부하는 사람들이 한국교회를 어떻게 갱신해야 하는지를 자주 말씀하셨다. 공부보다는 사역이라는 미명 하에 살아가는 사역자들에게 바른 성서 이해가 바른 교회를 만들 수 있다고도 하셨다. 단순한 생각이었지만 되게 멋있다고 생각했다. 시간이 지나 대덕교회에서 전임 사역을 할 때인가 교수님께서 영어예배 부서를 지도

하시고 가끔 교회 로비에서 뵙기는 했으나, 일부러 찾아뵙거나 인사를
드리는 경우는 없었다. 데면데면 그 자체였다. 부끄럽지만 적어도 그때
는 그랬다.

그러다 2009년 말 교회 사역 도중 나는 심장마비가 발생했고, 오랜
시간의 심폐 소생 과정과 죽을 고비를 넘겼고, 눈물겨운 재활의 과정을
거치며 다시 일상으로 복귀를 위해 애썼다. 그때 처음 내게 주어진 일
은 그토록 바랐던 '교회의 일'이 아니라 상실을 경험한 이들을 찾아다
니는 일이었다. 한국척수장애인협회를 통해 병원에 찾아가 새롭게 장
애를 경험한 이들을 위로하고, 다시 사회로 복귀할 수 있도록 돕는 일
이었다. 장애인 일자리 일환으로 상담 횟수에 따라 활동비가 지급되는
그것도 겨울에는 진행하지 않고, 연중 6개월 정도만 예산이 나오는 그
런 사업에 조인되어 활동하던 때다. 그러던 어느 날 우연히 충남대학병
원 광역재활센터 내 로비에서 주차장으로 향하던 도중 로비로 걸어
들어오는 광채를 보았다. 그저 빛, 천 교수님이었다. 동행하시는 사모님
도 계셨다. 정말 오랜만에 뵙는 교수님이었는데, 마치 어제도 뵈었던
분처럼 내게 다정하게 말을 걸어오셨다. "어떤 일을 하며 어떻게 지내
느냐, 경제활동은 어떻게 하느냐, 아이들은 누가 키우냐, 이런 일(병원
재활 상담)이 생활에 보탬이 되느냐, 누가 도와주는 사람은 있느냐…"
세세히 물으셨다. 그 시점까지 내가 장애를 입고 나서 나에게 기도하겠
다며 위로의 말을 건넨 사람은 부지기수다. 그러나 경제적으로 어떻게
지내는지 어렵지 않은 지를 구체적으로 여러 가지를 물어본 사람은
천 교수님이 처음이었다. 그날 병원 로비에서 졸업하고 오랜만에 만난
사이치고는 꽤 친밀함을 느낄 만한 시간 대화를 나누었고, 진료 시간이

다 되어 대화를 더 이상 진행할 수는 없었다.

이후 나는 한남대학교회에 적을 두고 목회 사역자가 아닌 등록 목사직을 유지하고 있었고, 그 즈음 천 교수님이 한남대학교회 당회장이 되셨다. 그러던 년 초에 나를 당회장실로 부르셨고, 나에게 보따리장수에서 좀 더 체계적인 기관의 운영을 해야 한다고 말씀하셨다. 교수님께서는 본인이 씨드머니(Seed Money)를 좀 책정해 줄 테니 장애인 관련된 일을 '정식'으로 해 보라 강권하셨다. 그 시점이 4월이었고, 이후 한 달 만인 2018년 5월 27일 '한남장애인심리상담센터'가 창립되었다. 그리고 한남대학교회의 부속기관이며, 여러 절차를 거쳐 대외적으로는 사업자등록이 된 정식기관이 되었다. 이후 대전 지역에 몇 안 되는 고용노동부(한국장애인고용공단)에서 인정하는 장애인식개선교육 전문 지정기관으로 인정도 받았다. 한국장애인고용공단과 협업하거나 대전 지역 장애인단체와 외부 행사를 할 때도 잊지 않고 오셔서 격려해 주시고, 지원을 아끼지 않으셨으며, 우리 센터가 주관하고 한국장애인고용공단이 협업했던 한 프로그램 참여해 주신 천 교수님은 프로그램 말미에 "상처 입은 자들을 위해 가장 애를 잘 쓸 수 있는 사람이 김용구 센터장이고, 내가 정말 아끼는 제자입니다. 잘 부탁드린다"라고 말씀해 주셨다. 역량 강화 프로그램을 마친 후, 한국장애인고용공단 관계자는 내게 "저 교수님이 센터장님을 엄청 사랑하시는 것 같아요, 얼굴에 보여요"라는 이야기를 전해 들었다. 학창 시절 내게는 어렵기 그지없던 교수님은 어느새 마음 따뜻한 교수님이 되어 있었다. 요즘 말로 내가 '천며드는'(천 교수님에게 스며드는) 순간이었다.

그즈음 나는 대학원 박사과정에서 상담을 전공하고 있었고 2021년

말, 박사과정 논문을 쓰고 있었다. 이미 그해 봄과 여름 논문 중간발표 등을 거치며 나의 학문적 부족함을 절실히 깨닫고 있던 때에 수료만으로도 내게는 과분하다고 자족하고 있을 무렵 '죽비'가 내렸다. "논문으로서 가치가 없다", "이거 논문 안돼." 내 개인적으로 논문에 대한 열망만큼 쓰이지 않은 부족하기 짝이 없는 논문의 심사 위원장으로 선임되신 천 교수님의 마디마디는 정말 심장과 폐부를 찌른다는 것이 무엇인지 알려주셨다. 이미 천 교수님의 논문 심사는 '소문'으로 알고 있었으나 상상외였다. 나도 대충 어영부영할 생각도 없었으나, 학문적 소양이 부족했던 내게 는 충격이었다. 몇 개월 충격이 가실 무렵 맞더라도 부딪혀보자는 심산으로 다시 도전했다. 이 과정에서 교수님은 '논문이 무엇인지'를 명확히 말씀해 주셨다. 교수님은 내용과 형식에 철저하신 분이셨다. 논문은 형식에 내용을 싣는 과정이 매우 중요하다 강조하셨고, 논문을 쓰는 이유와 필요성, 목적과 참고 문헌에 대해 집요하리만큼 꼼꼼히 지도해 주셨다. 오히려 전공 지도 교수님은 "괜찮다"라고 하신 부분에서도 천 교수님은 더 엄격한 형식을 요구하셨다. 그리고 그 요구는 논문은 단순한 프로세스가 아니라, 이후 논문을 써야 하는 학자로서의 기본자세를 갖춰야 한다는 것이 논문을 쓰는 이유라고 하셨다. 논문 마감 기간 며칠 간의 개인 특별 지도는 새벽 1시를 넘어 3시가 다 되어서까지 며칠간 진행이 되었고, 주무시다 일어나 새벽까지 형식에 맞도록 일일이 자구(字句)를 수정해 주셨다. 어느 교수가 밤을 새며 제자의 논문을 보아주는 분이 있을까? 논문이 통과되고 주일에 대학교회 예배를 오신 자리에서 천 교수님으로부터 인준지에 최종 사인을 받고 내게 악수를 청하시며 "김용구 박사님 수고했어요"라고, 주변 교인들에게 앞으로 한 달 동안은 "김 목사님 아니고 김 박사님으로 부르세요"라고 말씀하셨던 것을 기억한다.

이쯤 되면 "왜 김 목사님은 천 교수님께 저런 '찐한 사랑'을 받을까?"라는 생각하는 분이 있을는지 모르겠다. 나도 잘 모르겠다. 그러나 모르긴 몰라도 이것 하나는 분명하다. 천 교수님은 약자에게 약하신 분이다. 논문을 쓰는 과정에서는 학문적으로 매우 엄격했지만, 그럼에도 그 안에는 몸이 불편해진 제자에게 사회적으로 경쟁력을 갖추게 하기 위한 애씀이 느껴졌다. 그는 표면적으로 강직하지만, 내면적으로 세상 부드러운 분이다. 직선적인 것 같지만 약한 자에게 굽힐 줄 알며, 가난한 자에게 어떤 위로가 필요한지를 아는 분이다. 그가 천사무엘이다. 나는 최근 윤석열 씨 탄핵 과정에서 그 이름을 알린 문형배 헌법재판관이 과거 자신의 삶에 지대한 영향을 끼친 사람이 김장하 선생이라 고백하는 영상을 보았다. 영상에서 나는 주저 없이 바로 한 인물이 떠올랐다. 천사무엘. 어쩌면 나만이 아니라 천사무엘을 경험한 사람들이라면 누구나 바로 떠 올릴 인물이 아닌가 싶다. 강단(剛斷) 있는 모습으로 때로는 한없는 사랑으로 사람을 품어 낼 줄 아는 분이 천사무엘 교수님이다. 어느덧 세월이 흘러 은퇴를 하시지만, 나를 비롯해 그를 경험한 이들은 영원토록 지우지 못할 심비(心碑)에 새길 이름이다. 글의 제목이 거창하다 느끼는 사람이 있을는지 모르겠다. 졸필이라 그 은혜 담지 못해 아쉽지만, 제목만이라도 제대로 표현하고 싶었다. 그러나 여러분, 시대의 죽비(竹篦), 심비(心碑)에 새길 이름, 따뜻한 신학자 천 사무엘을 기억하시라.

사람 사이, 마음 사이에 머물다

한은경

94학번, 대전과학기술대학교 학생상담센터장

사람 사이, 마음 사이에 머물다

교수님께서 은퇴하신다는 소식을 들었을 때, 축하의 마음이 앞서긴 했지만, 솔직히 아쉬움이 더 컸다. 늘 그 자리에 계셔주실 줄 알았고, 언제든 찾아뵈면 반겨주시리라 믿었던 분이기에 마음 한편 허전함이 더 컸다.

비록 교수님의 긴 여정 가운데 내가 함께한 시간은 아주 작은 조각에 불과하겠지만, 그 일부를 함께할 수 있도록 허락해 주신 것 역시, 참으로 교수님다운 배려이자 깊은 뜻이었다고 생각한다. 긴 시간 학문과 신앙을 통해 제자들을 인도해 오신 교수님의 은퇴를 맞아, 이 글을 통해 깊은 감사의 마음을 전하고자 한다.

처음 뵈었던 그날, 1994년

교수님을 떠올리면 가장 먼저 떠오르는 장면은, 지금도 영화의 한 장면처럼, 사진 한 컷처럼 기억에 또렷이 남아있다. 1994년, 대학 1학년 새내기 시절. 설렘과 두려움을 안고 기독교학과 사무실 문을 열었을 때, 사무실 한가운데 정 중앙 의자에 앉아 환하게 웃고 계셨던 교수님의 모습이 아직도 또렷하다. 창밖에서 역광으로 들어오던 햇살을 이겨버린 듯, 교수님의 미소는 훨씬 더 환하게 느껴졌다. 그 순간 저는 "우와, 후광이 비치네"라는 직관적인 감탄과 함께, "아니, 누구시길래 저렇게 잘 생긴 분이 마치 주인처럼 우리 학과 사무실 한가운데 앉아 계시는 거지?"라는 생각을 했다. 부드럽고 단정한 인상, 미소에서 느껴지는 시원한 청량감과 따뜻한 차 한 잔 같은 편안함이 같이 느껴지는 분위기에 아마도 난 그때 교수님께 첫눈에 반했던 것 같다.

호기심 발동, 도대체 누구?

당시 교수님은 예일대에서 구약 외경을 연구하셔서 학위를 마치시고, 귀국하시자마자 시간강사로 출강 중이셨고, 여러 학교 중에서도 우리 학과의 가족적인 분위기에 이끌려 자발적으로 한남대학교 기독교학과를 선택하셨다는 이야기를 전해 들었다. 기독교학과는 1990년에 신설된 학과였는데, 그래서였는지 당시 교수님들께서는 학생 한 사람 한 사람의 이름을 모두 외우고 계셨다. 이는 일반적인 대학 분위기에서는 드문 일로, 교수님께는 매우 따뜻하고 특별한 학과 분위기로 다가왔던 듯하다. 교수님은 이러한 공동체적 분위기를 높이 평가하셨고, 그것이 이 학과를 선택하게 된 결정적인 이유 중 하나였던 것으로 기억한다. 당시 난 1학년으로 비록 전공 수업을 듣기 전이었지만, 교수님이 우리 학과의 교수님이 되신다는 것 자체가 신이 나는 일이었다. 이후 교수님의 이력이 연세대학교 학부, 장로회신학대학원, 예일대학교, 버클리연합신학대학원 박사라는 사실을 알고는 "외모에 학문까지, 이건 거의 반칙 아닐까"라는 생각이 절로 들었다. 내 입장에서는 감사할 따름이었지만, 지금 돌이켜보면 교수님께서 우리 기독교학과를 선택한 그 결정조차도 따뜻한 사람 향기와 신앙인의 겸손이 묻어 있었던 것 아닐까 싶다.

더 놀라웠던 것은 대학생 때 이미 연상의 여인과 결혼해서 이미 아들까지 있다는 사실이었다. 사실 당시 남자와 손만 잡아도 결혼해야 한다고 믿던, 보수 그 자체였던 나에게는 꽤 충격적인 이야기였다. 더구나 목사님이자 교수님이신데, 당시의 나에겐 거의 '사건'처럼 느껴졌다. 이때부터였던 것 같다. "그럴 수도 있구나!" 인생의 선택지가 꼭 정해진 틀 안에 있지 않구나. "바르게 살아야 한다는 것, 어떻게 살아야 한다는 내가 생각하고 있는 기준이 정답은 아닐 수 있겠구나"라는 사실을 교수님을 통해 처음 느꼈던 것 같다. 그 경험을 통해 세상을 바라보는 시각이 조금은 더 유연해진 것도 같다. 그럼에도 불구하고 안타깝게도 난 대학 시절 연애라는 것을 한 번도 해보지 못했다.

학문에 대한 열정과 엄격함

2학년이 되어 오경의 이해 등 구약학에 해당되는 수업들을 교수님께 배울 수 있었다. 생수 한 통을 들고 수업에 들어와 강의하셨던 교수로서의 모습은 처음엔 다소 사무적으로 느껴졌다. 첫인상이나 평상시 강의실 밖에서의 교수님 모습과는 사뭇 다른 느낌이었다. 정신없이 노트필기를 하고 정리를 하는데 "이게 뭐지, 뭐라는 거야", "이 공부를 왜 하는 거지", "이걸 어디 써먹을 곳이 있긴 하는 거야" 하는 생각이 들었지만, 긴장하며 수업을 들었던 기억이다. 1학년 때 속칭 '닭대가리'라는 무시를 당해가며 들었던 이스라엘 역사의 이해라는 강의를 들었었는데, 그때와는 또 다른 느낌의 구약 수업이었다. 여전히 내게 구약은 재미있는 성경 인물 이야기가 먼저 떠오르지, 신학을 하기에 역량이 많이 부족했던 게다. 그러나 교수님의 수업 스타일이 학문에 대한 철저함과 논리성에서 비롯된 것이었음을 금세 알게 되었다. 기억에 남는 일화가 있다. '오경의 이해' 시험 때 있었던 일이다.

당시 수업 중에 구약성경에서 인간이 불순종하거나 죄를 범했을 때, 하나님은 심판과 징계도 하시지만, 새로운 약속·보호·회복의 기회도 주신다는 공의와 사랑의 하나님에 대한 사례로 아담과 하와, 가인·노아홍수·바벨탑 등등 표로 정리해 주신 적이 있다.

동기 한 명이 교수님께서 정리해 주신 그대로 답안지에 표로 적고 강의실에 나가려던 찰나, 답안지를 확인하신 교수님께서 다시 학생을 불러 답안지를 다시 작성해 오라고 하신 일이었다. 그 친구는 정보 전달을 명확히 하고자 한 시도였겠지만, "이 표를 보고 내가 해석하라는 말이냐. 표를 문장으로 풀어서 답안을 작성해야지"라고 답안지를 어떻게 작성해야 하는지까지도 지도해 주셨다. 당시에는 좀 당황스러웠었다. 2시간 이상 팔이 아프게 답안을 작성해서 제출했는데, 게다가 이제

시험종료 시간이 임박해 가는데, 답안지를 돌려보내셨으니까. 그때 배웠다. 아무리 열심히 공부하고 암기해도 아는 것을 어떻게 표현하는지에 따라 평가가 달라질 수 있다는 사실을 말이다. 덤으로 문과대와 공대의 답안지 작성법이 달라서 공대생이 문과대 교양수업에서 상대적으로 낮은 학점을 받는 이유가 있다는 것도 알았다. 그 일을 통해 글쓰기의 본질과 책임감, 부담감을 느끼게 되었다. 이후에도 교수님은 논문을 지도하실 때도, 책을 권하실 때도 학문적 엄격함과 진정성을 강조하셨고, 그 가르침은 내게 깊은 흔적으로 남았다.

직접 겪은 일은 아니지만, 수업 중에 머리를 노랗게 염색한 학생에게 '네가 외국인이냐?' 하고 물으셨다거나, 슬리퍼를 신고 수업에 들어온 학생에게 태도와 몸가짐에 대해 따끔하게 말씀하시고 수업에서 나가라고 하셨다는 일화도 전해 들은 바 있다. 교수님께서는 지식뿐 아니라 배우는 자로서의 외적 태도와 품위 있는 자세를 매우 중요하게 여기셨고, 또 그냥 지나치지 않고 가르치고자 하셨던 것을 보여주는 장면이라 생각된다.

삶으로 이어진 가르침

교수님의 가르침은 지식 전달에 그치지 않는다. 문득 교수님이 매우 엄하고 무섭고 냉정하게 느껴질 수 있겠지만, 신앙과 학문을 대하는 태도에서와 마찬가지로 삶을 대하는 자세 또한 한결같은 모습을 보여주셨다. 대학교회나 학과 수업을 듣는 학생들을 집으로 초대해서 식사로 섬겨주신 적이 있다. 형들 누나들이 집에 오니 덩달아 흥이 올라

기분이 좋았던 막내를 타이를 때, 소파에 앉아 아이를 본인 무릎 위에 앉혀 품에 안고, 귀에 대고 조용히 소곤거리듯 무언가를 말씀하시는 모습이 떠오른다. 자녀를 지도하고 훈계하는 모습이 이런 거구나. 주의 말씀과 훈계로 양육하라고 하면서도 말썽부리거나 말을 듣지 않는 아이들에게 큰소리로 '잘했다, 못했다' 혼을 내는 부모의 모습과는 다른 그림이었다. 공의와 사랑을 함께 표현할 수 있구나. 학문에 있어서는 엄격하시되, 가정에서는 따뜻하고 자상한 가장으로서의 모습이 진정 품격 있는 스승의 모습이었다.

설교하실 때도 그리 크게 다르지 않으셨다. 종종 강의 듣는 느낌이 들곤 하지만, 신학적 깊이와 인간적인 따뜻함이 어우러져 신앙과 삶이 분리되지 않음을 깨닫게 해주시곤 했다.

기억의 조각, 사소하지만 깊게 남은 일화들

난 지금도 술을 입에 대지 않는다. 사실, 대학 시절 내내 술을 마셔 본 적이 없을 정도로 꽤 보수적인 성향이었다. 그만큼 앞뒤가 꽁 막힌 사람이다. 그런 내가 나이트라는 곳에 23살에 처음 가 보았다. 그 계기 가 기독교학과 졸업 후 사은회를 마치고 나서 뒤풀이로 간 것이다. 이 걸 누가 추진했는지 모르겠는데, 교수님께서 추천하셨다는 후설이 있 다. 정작 교수님 본인은 다른 몇 명과 칵테일바 같은 곳에서 담소를 나누셨다고 한다. 교수님은 대학생 때 엄청 많이 놀러 다니셨다고 한 다. 난 교회, 학교, 자취 집, 선교동아리가 전부였는데, 지금 사모님을 만나 대학생 때 결혼하셨다고 하니 이건 내게 없던 길이고, 매우 획기적인 거다. 게다가 구약학을 가르치시는 교수님이라는 사실에, 당시 나는 더욱 놀랐었다. 하지만 강의를 허투루 하신 기억은 단 한 번도 없다. 정말 동일한 분인가?

회의를 하거나 식사를 예약할 때 교수님은 맛보다 깔끔해야 하는 기준이 있으셨다. 보통 맛집 하면 할머니들이 계신 오래된 집이나 약간 지저분한 느낌이 있는데, 맛이 있어도 그런 곳은 별로 선호하지 않으셨던 것 같다. 맛보다는 깔끔하고 정갈하게 나오는 곳을 더 좋아하셨던 기억이다. 지금은 주로 채식 위주의 건강식을 드시는 것으로 안다.

대학원 재학시절 장학조교를 할 때였다. 주경야독과 살림·양육을 병행하던 나는 틈날 때 잘 사무실 책상에 엎드려 졸곤 했다. 어느 날 어떤 일인지 내용은 기억 안 나는데, 교수님께서 어떤 일에 대해 진행이 어찌 되는지 알고 싶어하셨고, 몽롱한 상태로 학과 조교님을 통해 수화기를 전달받아 과정을 설명드렸다. 그런데 교수님께서 매우 만족해하신다는 느낌을 받은 적이 있다. 그때 무척 뿌듯했다. 교수님이 인정해주시는 거라면 진짜 잘한 건가보다 생각하며 내심 뿌듯해 했던 기억이다.

둘째 기환이의 유아 세례식이 있었던 날이 문득 떠오른다. 그날 교수님께서 둘째 아드님을 품에 안고 가운데 서 계셨고, 사모님께서는 교수님 오른편에, 첫째 아드님은 왼편에 나란히 서 계셨다. 이때 첫째 아드님의 키가 교수님과 거의 비슷했다. 예전부터 느낀 것이지만, 교수님과 사모님이 닮으셨는데, 두 아드님도 두 분을 닮아 준수한 외모를 가졌다. 그날 너무나 닮은 교수님과 첫째 아드님의 모습이 은근히 묘하게 느껴졌는데, 유아세례를 받았던 아기도 성장할수록 준수함이 드러나기 시작했다. 장난꾸러기 표정은 덤으로 장착하고 말이다.

이렇게 내 기억 속에 교수님과 관련된 여러 장면들의 조각조각을 담아보았다. 이제 이쯤에서 사적인 기억은 접고, 가장 인상 깊게 남아 있는 하나의 이야기를 전해보고자 한다.

어려움 속에서 전해진 따뜻한 위로

몇 해 전, 주님은 왜 내게 이런 고통을 주시는지, 혼자 숨죽이며 버티고 있었을 때가 있었다. 왜 이런 일을 경험케 하시는지 깨달을 수 없고, 그 상황을 납득하기 어려웠고, 어떻게 해야 할지 몰라 혼자 자신을 달래야 했고, 스스로를 이해시키며 버텨내야 할 때였다. 졸업 후 학교에 남아 일했던 나는, 나의 행동 하나하나가 교수님들께 실망시켜드리거나 혹시 누가 될까 봐 처신을 신중하게 하고, 고민하고 있었을 때였다. 요즘 대부분의 대학들의 형편이 그렇겠지만, 최소한의 인력으로 최대한의 일을 추진했던 상황이었다. 그런데 당시 세 사람이 일했던 자리에 한 사람은 병가로 없었고, 다른 한 자리는 아직 채워지지 않은 상태로 혼자서 모든 일을 해야 하는 상황이었다. 솔직히 버거웠다. 함께 힘을 실어줘야 할 사람은 자신의 일을 더 떠맡겼고, 일에 대한 성과나 실적, 연구 결과를 자신의 것으로 가져가 사용하고, 자기의 유익을 위해 주변 사람을 이용하면서도 도리어 상대방을 비난하는 사람 아래에서 받는 스트레스가 이만저만이 아니었다. 내가 아니어도 조직은 돌아간다지만, 하나님이 어찌 일하실지 지혜를 구하며 잘 감당하기를 기도했었다. 그러다 우연히 건강 검진하러 갔다가 임신 사실을 알게 되었고, 동시에 사산 소식까지 들으면서 큰 슬픔에 버티기를 그만하기로 결정했다. 용기를 내어 교수님께 전화를 드렸다. 실망시켜드려 죄송하다고 그리고는 눈물이 쏟아져 더 이상 말을 할 수가 없었다. 조용히 기다리며 나의 이야기를 들어주시고, "은경이가 이러는 거 처음 보는데, 왜 그러니…"라고 물어주셨다. 교수님의 목소리에, 그 문장에 담긴 공감과 진심에 또 한 번 눈물을 쏟았다. 나의 부족함이 왜 없겠는가. 그럼에도 불구하고 교수님은 슬퍼하는 나의 마음을 전적으로 함께 공감하려 애쓰셨고, 상대방의 입장을 대신 설명해 주려고 애쓰시지도 않으셨다. 갓 대학생으로 들어와 학생 시절부터 교회에서 신앙생활하고, 조교로, 강사로 성장하는 제자의 모습을 응원해주셨던 제자에 대한 믿음이자 성장통을 함께 나눠주고 계셨던 거다. 행여 본인 자신보다 제자에게 해가 가지 않도록 지혜로운 방법으로, 교수님의 특유한 적극성으로 문제를 해결하기 위해 행동하셨다. 그때 교수님께 받은 그 사랑은 삶을 살아가는데 큰 버팀목이 되며, 늘 기억하고 마음에 담아 주는 고마움의 제목이기도 하다. 나를 괴롭힌 이에게 자랑하고 싶다. "당신에게 이런 분이 계실까? 내가 부럽지?"라고 말이다. 그의 괴롭힘과 내가 겪은 고통이 사실 하나님의 은혜임을 고백하게 된다.

교정 밖에서 만난 인간적 모습

어느 날 정말 오래간만에 뵈었던 적이 있다. 그런데 교수님께서 체중이 많이 빠진 모습이셨다. 친정아버지께 하듯 반갑게 인사하며 안아본다. 많이 마르셨다. 걱정되었다. 알고 보니 의도적으로 건강식을 하시고 관리를 하고 계신 까닭이다. 그리고 본인께서 그것이 얼마나 유익한 지를 직접 경험한 것을 나누고 권면하셨다. 참 잘 지내시는 건데, 많이 마른 모습에서 나 혼자 착각하며 연로하신 친정아버지의 여윈 모습이 겹치며 마음 울컥하기도 했다.

때에 따라 사람에 따라 대하는 태도와 소통의 차이가 있겠으나, 내가 경험한 천사무엘 교수님은 제자를 많이 사랑하셨고, 그 마음을 조심스럽게 표현해 주셨고, 필요할 때는 적극적으로 개입하셨고 그리고는 믿고 맡기시는 분이셨다. 때로는 악역을 맡아 주시기도 했고, 때로는 천사가 되어 주시기도 했다. 마중물이 되어 주시기도 했고, 디딤돌이 되어 주시기도 했고, 주춧돌이 되어 주시기도 했고, 어떨 땐 방파제가 되어 주시기도 했다.

은퇴 이후에도 이어질 스승의 길

자녀, 부모, 교수, 목회자, 행정가, 남편, 친구 다양한 역할 속에, 난 교수님과 목사님, 교수님으로서의 일부 모습만 보았을 거다. 이제 노년을 은퇴 이후를 준비하는 교수님의 모습을 뵌다. 조심스러운 이야기일 수 있겠으나, 개인적인 욕심이라면 한남대학교에 총장으로 섬길 수 있는 기회가 허락되길 소망한다. 이 시대에서 중심을 잡고 일하실 수 있는 기회를 주신다면 얼마나 좋을까 싶었는데, 들리는 소식은 그냥 은퇴하신다고 하신다. 명예교수님도 안 하신다고 하신단다. 그 뜻이 있을 거라 생각하기에 그저 아쉬운 마음으로만 담아둔다.

개인의 감정이나 정치적 계산이 아닌, 하나님의 뜻을 따라 마지막까지 사명을 감당한 지도자였던, 자신의 감정과 하나님의 뜻 사이에서 고뇌하며 순종하는 선지자의 모범이 되었던 사무엘. 사무엘은 말년에도 권력에 연연하지 않고 하나님의 뜻에 순종하며, 이스라엘 역사에 길이 남을 사역을 완수한 지도자 사무엘. 그의 끝은 사사 시대의 마무리이자 왕정 시대의 시작을 연결한 선지자로서의 충실한 완성으로 평가되는 사사이자 선지자, 제사장의 역할을 감당했던 사무엘 왕처럼, 천사무엘 교수님께서도 그 이름에 부끄럽지 않게 사신 분으로 기억하련다.

난 늘 교수님께 배울 거다. 어떻게 나이 들어가는지, 어떻게 노후를 살아가는지, 자녀는 어떻게 키우고, 부부는 어떠해야 하는지, 주님 만나는 날 그날까지 어떻게 살아가야 하는지를 늘 엿보며 살련다. 끝이 좋아야 좋다고 하는데, 교수님의 끝은 최고로 멋진 모습일 거라 믿는다.

나의 소중한 인연, 천사무엘 교수님

손 석 우

95학번, ㈜섬김과나눔 대표

　2025년 4월, 봄은 여느 때와 다름없이 찾아왔지만, 오늘따라 유난히 마음이 먹먹해지는 하루입니다. 밖에는 부슬비가 조용히 내리고, 한창 피었던 벚꽃은 어느덧 흩날리며 지고 있습니다. 그 자리를 대신하듯 연산홍이 만개하여 또 다른 아름다움을 선사하고 있지만, 꽃이 피고 지는 자연의 순환이 어쩐지 인생의 무상함을 되새기게 합니다. 세월이 이토록 빠르게 흐를 줄 그리고 그 흐름 속에 내가 이토록 많은 계절을 지나쳐 왔을 줄, 그리 자주 실감하지 못한 채 살아온 것 같습니다.

　벌써 제 나이가 쉰을 훌쩍 넘었고, 제 자녀는 대학을 졸업하여 학교 선생님이라는 새로운 삶을 시작했습니다. 아이의 뒷모습을 바라보며 문득 내가 걸어온 길 그리고 내가 받았던 가르침들이 하나하나 떠오릅니다. 그 회상의 정점에는 늘 한 분이 계셨습니다. 바로 천사무엘 교수님입니다.

　한 달 전쯤, 후배에게 전화 한 통을 받았습니다. "천사무엘 교수님,

6월에 은퇴하세요"라는 짧은 말이었지만, 그 한마디는 제 가슴에 깊은 울림을 주었습니다. 은퇴라니요. 아직도 생생한 목소리, 언제나 반듯한 정장에 넥타이를 곱게 매고 강의실 문을 열며 들어오시던 그 모습이 떠올라, 도저히 현실처럼 느껴지지 않았습니다. 그래서 저는 망설임 없이 아내와 함께 교수님을 찾아뵈러 학교로 향했습니다.

오랜만에 다시 찾은 교정은 예전보다 훨씬 더 정돈되어 있었고, 많은 것이 변해 있었습니다. 하지만 교수님의 얼굴을 뵈는 순간, 마치 시간의 벽이 무너져 내리는 듯했습니다. 세월이 흘렀건만, 교수님은 오히려 더 단정하고 지혜로운 모습으로 제 앞에 계셨습니다. 여전히 따뜻한 눈빛과 차분한 목소리, 그 모든 것이 저를 한순간에 30년 전으로 데려갔습니다.

1995년, 저는 그해 봄, 기독교학과의 새내기로 한남대학교에 입학했습니다. 목회자가 되겠다는 꿈과 함께였지요. 그러나 막상 대학에 들어와 보니 현실은 생각보다 훨씬 낯설고 두려운 것이었습니다. 리포트를 써 보라 하시는데, 어떻게 시작해야 할지조차 몰랐습니다. 고등학교 시절, 오직 시험을 위한 공부만 해왔던 저에게는 글쓰기라는 것이 너무나 생경한 일이었습니다.

그때 교수님은 첫 수업에서부터 우리에게 글 쓰는 법을 하나하나 가르쳐 주셨습니다. 단순한 문장부터 들여쓰기, 띄어쓰기 그리고 서론과 본론, 결론에 이르기까지. 문장을 통해 사고를 정리하는 법을 배우며 저는 비로소 '생각하는 힘'을 기르게 되었고, 그것은 단순히 과제나 시험을 위한 기술이 아니라, 인생을 살아가는 데에 꼭 필요한 연습이었습니다.

그리고 히브리어 수업, 참 어렵고 낯설었습니다. 오른쪽에서 왼쪽으로 써 내려가는 글자들, 발음도 잘 되지 않는 말들이었지만, 그 언어를 배우며 저는 성경이라는 텍스트를 전혀 다른 눈으로 바라보게 되었습니다. 모세오경, 역사서, 시편 그리고 예언서에 이르기까지, 교수님은 우리에게 단순한 지식을 전달하시는 것이 아니라, 그 안에 담긴 하나님의 마음, 인간의 고통과 구원의 메시지를 함께 나눠 주셨습니다. 그 수업들은 제게 단순한 학문이 아니라, 믿음과 삶의 방향을 제시하는 나침반이 되어 주었습니다.

세월이 흘러, 저는 결국 목회의 길을 가지는 못했습니다. 삶은 늘 뜻대로 되지는 않더군요. 지금은 자그마한 사업*을 하며 생계를 꾸려 가고 있습니다.

고객과 가맹점을 섬기고 직원과 사회에 나누는 기업으로 성장하기를 원합니다. 나아가 음식과 문화를 선도해 나가는 섬김과 나눔으로 사랑을 실천하는 기업, 사회와 나누고 사랑을 실천하는 선하고 좋은 기업이 되려 합니다.

삶 속에서 사람을 대하고, 관계를 맺고, 진심을 나누는 일은 여전히 제게 가장 중요한 가치입니다. 그리고 그 모든 것의 뿌리에는 교수님께 배운 사랑의 정신이 있습니다. 기독교의 본질은 사랑이라는 말씀, 사람을 귀하게 여기고, 함께 섬기며 살아야 한다는 그 가르침은 지금도 제 마음속에 깊이 자리하고 있습니다.

교수님. 이제 학교를 떠나시지만, 그 오랜 시간 동안 교수님께 배운

---

* ㈜ 섬김과 나눔 Serving and Sharing.

수많은 제자들이 이 세상 곳곳에서 살아가고 있습니다. 교회에서, 학교에서, 가정에서, 사회의 다양한 자리에서 우리는 저마다 다른 모습으로 살아가고 있지만, 마음속 깊은 곳에는 언제나 교수님의 가르침이 살아 숨 쉬고 있습니다.

교수님의 은퇴가 단지 한 사람의 경력의 끝이 아니라, 수많은 사람들의 기억 속에서 새로운 시작이 되리라 믿습니다. 교수님이 남기신 그 따뜻한 흔적은 우리 모두의 삶 속에서 계속해서 피어나고 있으니까요.

진심으로 감사드립니다. 그리고 사랑합니다. 지금까지 정말 고생 많으셨습니다. 폭싹 속았수다!!! 앞으로의 시간 속에서도 평안과 건강이 늘 함께하시길 간절히 기도합니다. 교수님, 언제나 저희의 스승으로 마음속에 계실 겁니다.

청개구리 제자

송 윤 석

96학번, 태국 선교사(치앙라이)

싸와디캅! 안녕하세요! 저는 기독교학과 96학번 송윤석 선교사입니다. 현재 저는 예장통합 측 총회 파송 선교사로 태국 치앙라이에서 사역하고 있습니다.

얼마 전 98학번 후배 희진이가 "오빠 천 교수님 은퇴하시는데 기념 문집 글 좀 써주세요"라는 연락을 받았습니다. 생각해 보니 항상 학교에 계실 것 같고 항상 청년 같은 교수님들이 은퇴하실 연세가 되었다는 것에 새삼 세월의 무상함을 느낍니다. 벌써 저도 학교를 졸업한 지 25년이 되었습니다.

저는 순천 매산고등학교를 졸업하고 한남대학교에 진학하게 되었습니다. 아무런 연고도 없던 대전에 와서 시작했던 대학 생활은 저에게 아무런 흥미를 주지 못했습니다. 처음으로 집을 떠나 살았던 기숙사도 너무 어색했고, 가고자 하는 대학을 가지 못했다는 마음에 아무런 의욕도 없는 새내기 생활을 보내고 있습니다.

또한 생긴 지 얼마 되지 않던 기독교학과는 선배님들의 군기(?)는 또 얼마나 세던지… 참 마음 붙이기 힘든 시간이었습니다. 순천에서는 고등학교 졸업할 때까지 오직 예장통합만이 유일한 교단이고 유일한 교회인 줄 알았습니다. 대전에 와서 만난 감리교회, 합동 측 교회, 침례 교회 등은 신앙적으로도 교회를 정하고 신앙생활을 이어가는데 혼란으로 다가왔습니다.

그러던 중 저는 '현대인과 성서' 수업을 듣게 되었는데, 그 수업을 통해 천사무엘 교수님을 처음 만나 뵙게 되었습니다. 천사무엘 교수님은 그 당시 신입생들 전체가 듣게 되어 있던 필수 교양 '현대인과 성서'를 기독교학과 신입생들에게는 다른 커리큘럼으로 가르치고 계셨습니다. 그 당시 처음 들어보는 '역사와 본문비평'과 같은 단어는 대학 생활을 갓 시작한 20살짜리들이 잘 알아듣기 어렵고 시험에 들 수도 있는 이야기였습니다. 제 기억이 맞다면 제1 이사야, 제2 이사야도 이때 처음 들었을 것입니다. 후에 제가 신대원 입학하고 생각해 보니 이 커리큘럼은 학부 신입생이 아니라 사실 대학원 신입생 정도에 적용해야 하는 수준이었습니다. 하지만 교수님께서는 열정을 가지고 20살짜리들에게 그 엄청난 것들을 가르치셨습니다. 심지어 시간이 흐르고 제가 모교에서 후배들에게 현대인과 성서를 강의할 때 교재를 연구하면서 "천 교수님은 어떻게 이런 특별한 커리큘럼으로 우리를 가르치시려 했을까?"라는 생각이 들면서 혼자 웃고는 했습니다.

교수님은 신학과도 아니고 기독교교육도 아닌 애매한 전공의 기독교학과 신입생들에게, 그동안 가져왔던 생각과 신앙의 틀을 깨고 새로운 관점으로 볼 수 있는 시선을 심어주고자 하셨음이 아닐까 하는 생각이 듭니다.

이 수업을 통해 천 교수님을 처음 만난 동기들은 여러 반응이 있었고, 생각해 보면 아주 극단적이었던 것 같습니다. 결과적으로 저는 이 수업을 통해 구약에 관심을 갖게 되었고, 96년도 여름방학에 있었던 이스라엘 연수도 떠나게 되었습니다. 그리고 교수님과 함께 했던 "에인 하롯" 키부츠 경험과 성지순례는 지금도 잊지 못할 추억으로 남아있습니다. 물론 키부츠에서 막내였던 저와 민중이, 승학이는 여러 번 선배님들과 교수님께 혼쭐이 나기도 했습니다. 이때 잠깐 공부했던 히브리어는 제가 구약에 더욱 관심을 갖게 한 계기가 되었습니다. 무엇보다 저는 당시 교수님과 만남과 교제를 통해 학과에 겉돌던 아이에서 학과 안으로 들어오는 계기가 되었고, 너무 막연했던 미래에 대해 작은 소망을 갖게 되었습니다.

96년 이스라엘 사건 이후 저는 학과 공부뿐만 아니라 학과 일도 관심을 갖게 되었습니다. 군대를 학교 졸업하고 늦게 가는 바람에 여러 선배님들과 함께 학생회 일도 같이 했었습니다. 이러한 경험으로 인해 기독교학과를 더 사랑하게 되었습니다. 2000년 졸업 이후 군대 가기 전에 천사무엘 교수님 밑에서 구약학 석사과정을 공부하면서 장학조교로도 일하게 되었습니다. 하지만 구약학 석사를 교수님 밑에서 마치지 못했습니다. 그 이유는 제가 군대 제대 이후 대학원에 복학하지 않고 장신대 신대원으로 진학했기 때문입니다.

지금 생각해 보면 저는 천 교수님에게는 "뺀질거리며 겸손하지 않고, 말을 잘 듣는 척하지만, 잘 듣지 않는 제자"였습니다. 사실 저는 신대원 졸업 후 모교로 내려와 대학교회에서 시무하면서 구약을 이어서 공부할 수 있는 기회가 있었습니다. 천 교수님께 인사드리러 갔을 때에도 구약책 여러 권을 소개하시고, 선물로 책도 주시면서 이어서 공부를 마치라고 말씀해 주시기도 했습니다. 그런데 저는 당시 대학교회에 시무하면서 서울로 Th.m을 공부하러 다니는 중이라 천 교수님 밑에서 공부를 마치지 못했습니다.

몇 년 후 서울에서 부목사 생활을 하다 모교에서 박사과정을 공부하고 싶어서 지원을 했을 때도 교수님은 통합 과정으로 들어와서 공부를 다시 하라고 권면해 주셨습니다. 하지만 저는 말을 듣지 않고 다른 전공으로 지원해서 떨어지고 나서 SNS에 투덜대는 글을 썼습니다. 하지만 천 교수님은 그 일로 저를 혼내시지 않고 식사를 같이 하며 따뜻하게 조언을 해 주셨던 감사한 추억이 있습니다. 물론 이후 다른 전공으로 박사과정을 받아주셔서 재미있게 공부할 수 있었고, 이때 배웠던 모든 것들을 선교지에서 귀하게 잘 사용하고 있습니다.

한국에 나가면 한번 인사드려야겠다 생각만 하고 바쁘다는 핑계로 실천하지 못해 죄송한 마음입니다. 부족한 제자를 내치지 않으시고 끝까지 좋은 길로 인도하시려고 애쓰신 점 깊이 감사드립니다. 존경과 감사의 마음을 담아 이 글로 인사드립니다. 은퇴 이후에 어디에 계시든지 강건하시기를 소망합니다. 항상 정의의 편에서 담대하게 소신껏 사셨던 은사님의 삶을 기억하고 따르도록 노력하는 제자가 되겠습니다. 감사합니다.

그날의 씨앗, 오늘의 열매

하태혁

96학번, 두미감리교회 목사

긴 시간이 필요한 일들이 있습니다. 씨를 심고 그 맺은 열매가 제 몫을 다하려면, 몇 년은 걸립니다. 한두 해는 쓸 만한 열매를 기대할 수 없습니다. 우리의 만남은 때로 더 긴 시간을 통해 그 열매를 허락합니다. 누군가에게 들은 한 마디 말이 마음 밭에 씨앗으로 떨어집니다. 씨앗으로 떨어진 줄도 모르던 어느 날 그 말이 문득문득 떠오르고, 꼭 필요한 순간에 어둠을 몰아내는 빛으로 타오릅니다. 결국 그렇게 긴 시간을 두고 자라나 열매를 맺습니다. 때론 씨앗이 무엇이었는지도 기억하지 못하고 열매만 맛보기도 합니다. 그제야 열매를 맛보며 감사한 마음 일렁이지만, 그 다정을 전하기에는 너무 긴 시간이 흐른 뒤입니다. 스승과 제자의 관계에서도 긴 세월이 지난 후에야 맺힌 열매들에 감사의 말을 꺼내기 새삼스럽고 어색하기만 합니다. 다행히 오늘은 그날의 씨앗이 어떤 열매를 맺었는지 입을 열 수 있겠습니다.

1996년, 거의 30년 전쯤 천사무엘 교수님을 처음 만났습니다. 교수님을 통해 구약 신학의 세계에 첫 발을 디뎠습니다. 교실 밖에서 그 자상하고 환한 미소가 수업에서는 긴장감을 일으키는 차분함으로 변했습니다. 기본 개념에서부터 탄탄하게 닦아주셨고, 스스로 사고하도록 질문에 질문으로 훈련시켜 주셨습니다. 우리의 대답에 다시 질문을 던져 주셔서 그 대답에 어떤 빈틈이 있는지 깨닫게 해주시곤 했습니다. 그 빈틈을 보완한 대답을 스스로 찾게 도와주신 것입니다.

교회에서 목사나 전도사가 이야기하면 무조건 아멘으로 받아들여야 훌륭한 신앙인 줄 알았던 때입니다. 스스로 생각해 보고 깨달아 가는 과정이 믿음이 없는 연약함이 아닌가 불안하던 때입니다. 밭을 갈아엎듯이 편견과 고정관념을 뒤집어엎고 기초부터 다시 쌓게 하신 것입니다. 처음에는 당황스럽고 의아했고 혼란스럽기도 했습니다. 그러나 시간이 흐르며 성서학의 관점이 자리를 잡아가면서 달라졌습니다. 더 넓고 깊은 시각으로 바라볼 수 있게 되었습니다. 그 눈뜸이 무엇인지는 긴 세월을 겪어 가면서 서서히 알게 되었습니다. 성서를 통해 하나님의 무한하심을 끊임없이 새롭게 만날 수 있는 눈뜸을 선물 받았던 것입니다.

그 시절 배웠던 내용들이 무엇이었는지 구체적인 기억은 휘발되었습니다. 그러나 더 중요한 것들이 남아있음을 발견합니다. 성서에 어떻게 접근해야 하는지, 어떤 태도로 읽고 분석하며 주석을 해 나가야 하는지 그 기본자세가 남아있습니다. 당시에 어떤 주석서는 펼쳐볼 것도 없고 어떤 주석서를 참고해야 하는지 가르쳐주신 기억도 납니다. 요즘도 하나님의 말씀이라는 성서를 말도 안 되게 자의적으로 해석하는 일이 얼마나 많던가요. 교회가 한국 사회를 퇴행시키고 걱정거리와 짐이 되는 모습들에는 늘 성서에 대한 말도 안 되는 왜곡이 함께 있습니다. 자기 편견이나 욕망, 이데올로기의 도구로 삼는 참담한 현실을 접할 때면, 가슴을 쓰러 내리게 됩니다. 그것을 분별할 수 있는 안목을 대학교 1학년 때부터 훈련받을 수 있었던 게 얼마나 다행스러운지, 30년 전 당황스럽고 혼란스러웠던 그 과정에 감사함이 깊어지는 이유입니다.

성서의 세계를 여행하는 법을 배운 기억 중에는 수업 시간 외의 경험이 더 강렬한 족적을 남기기도 했습니다. 96년 여름방학 때, 이스라엘 키부츠에 천 교수님과 함께 갔던 경험이 그것입니다. 히브리어 어학연수로 특화된 키브츠에 30일 동안 머물렀습니다. 건국대학교 히브리학과와 연계하여 다녀올 수 있도록 천 교수님께서 힘써주신 덕이었습니다. 제자들을 위해 팔레스타인 지역의 무더운 여름을 감내하며 히브리대학교에서 연구를 진행하셨죠. 그 고된 헌신으로 누린 행복이었습니다. 얼마나 고된 일이셨는지 그 첫 번 여행 이후로 두 번 다시 성지순례는 없었습니다.

평생 첫 해외여행이기도 했지만, 어디에서도 경험할 수 없는 성지순례의 기회이기도 했습니다. 동행한 건국대학교 히브리학과의 고 최창모 교수님과 천사무엘 교수님이 안내해 주신 성지여행은 차원이 달랐기 때문입니다. 목회자는 사역을 해 나가면서 성지순례라는 명목으로 여행을 다녀올 기회가 가끔씩 생깁니다. 그러나 그 대부분은 상품화된 성지를 중심으로 관광 가이드의 안내를 따라가는 경로이기 쉽다. 제대로 된 성서학적 안목을 얻기 힘든 과정입니다. 두 분 교수님께서는 여행상품을 위해 연출된 성지들에 속지 않도록 해주셨습니다. 구약성서를 읽고 묵상할 때 정말 필요한 지역들, 지형들로 안내해 주셨습니다. 팔레스타인 지역, 이스라엘 도처에서 무엇을 봐야 하는지 안목을 열어주신 기회였습니다.

재미있는 추억도 물론 적지 않았습니다. 다윗이 사울을 피해 숨었던 엔게디 동굴에 갔던 장면이 떠오릅니다. 메마른 광야를 달려 도착한 곳에는 놀랍게 숲이 있었고 그 아래로 차가운 물이 흐르고 있었습니다. 그 물이 얼마나 차가웠는지, 특히 시원하게 떨어지는 폭포 아래 교수님과 함께 앉아서 부서지는 물줄기에 열기를 식혔던 장면은 잊을 수 없습니다. 또 마사다 가파른 언덕길을 뜨거운 햇살 아래 걸어서 올라갔던 일도 기억이 선연합니다. 그곳에서 있었던 유대인들의 집단 자살, 로마에 끝까지 저항했던 그 사건을 설명하던 유대인의 눈물 역시 강렬한 기억입니다. 그러나 무엇보다 잊을 수 없는 장면은 이스라엘 광야의 풍경에서 들려온 하나님의 음성이었습니다.

당시에 처음 접한 이스라엘 광야는 황폐하게 메마른 몰골일 뿐이었습니다. 뒹구는 넝쿨, 갈라진 땅, 산만하게 흩어진 바위들… 모래사막의 유려한 곡선이 보여주는 아름다운 매력과는 달랐습니다. 어떤 아름다움도 발견할 수 없는 광야의 풍경이 그럼에도 시선을 빼앗았습니다. 그곳을 걸었을 이스라엘 백성들, 예수님과 제자들의 마음에 좀 더 다가갈 수 있었기 때문입니다. 또한 그런 황폐함이 지닌 인간 실존의 척박함이 느껴졌기 때문입니다. 무엇보다 저 자신의 연약함과 무력함, 부끄러움과 황폐함을 그대로 닮았기 때문입니다.

여행지로 가는 차 안에서 광야의 풍경에 시선을 빼앗기던 어느 날, 그날은 특히나 자신에 대한 실망과 혐오가 깊었습니다. 그런데 차창

밖의 저 불모지가 우기만 지나면, 천지개벽을 한다는 것입니다. 우기가 지나면 언제 그랬냐는 듯, 숲이 생겨나고 물길이 열리며 동물들이 뛰노는다는 것입니다. 기적 같은 일이 우기만 지나면 펼쳐진다는 이스라엘 광야! 그것은 하나님께서 주시는 위로와 소망의 말씀이었습니다. 제게는 이렇게 들려오는 것 같았습니다. "창밖의 풍경이 자신처럼 무력하고 황폐해 보이느냐? 두려워하지 말고 나를 기다려라! 나의 우기를 기다려라. 그러면 저 창밖의 황폐한 광야에 숲이 펼쳐지고 물이 흐르고 동물이 뛰놀 듯이 네 영혼에도 생명력이 충만해질 것이다. 꽃이 피고 열매가 맺힐 것이다. 그러니 두려워 말고 나의 때를 믿고 기다려라, 내가 네 안에 시작한 착한 일을 이뤄 줄 테니…."

이사야 43:18-19 말씀이 살아있는 말씀으로 다가왔습니다. "너희는 지나간 일을 기억하려고 하지 말며, 옛일을 생각하지 마라. 내가 이제 새 일을 하려고 한다. 이 일이 이미 드러나고 있는데, 너희가 그것을 알지 못하겠느냐? 내가 광야에 길을 내겠으며, 사막에 강을 내겠다."(새번역) 말씀이 생생하게 되살아나 울려 퍼진 그날의 기억은 광야와 함께 제 마음 깊이 새겨졌습니다. 그 이후 인생길에서 메마르고 황폐한 광야를 만나거나 자신에게 실망할 때면, 그 장면이 하나님의 위로와 약속이 되어 저를 일으켜 세웠습니다.

이스라엘에서 여름방학 기간의 연구를 이어가시면서, 제자들 성지순례와 히브리어 어학연수를 인도해 주시느라 쉽지 않은 시간을 보내신 덕입니다. 그 헌신 덕분에 제 인생에 잊지 못할 보물이 생겼습니다. 30년이 지나고 나서야 감사한 마음을 꺼내네요. 저뿐 아니라 다른 제자들에게도 각자에게 필요한 보물을 하나님 허락해 주셨을 것입니다.

30년 전 그 여름뿐이 아닙니다. 그 이후 이어진 4년간의 수업뿐만 아닙니다. 졸업하고 이어진 신학의 길, 목회의 길에서도 씨앗은 뿌리를 내리고 자라나 열매를 맺었습니다.

구약성서 본문을 중심으로 묵상을 하고 주석을 할 때, 설교를 준비할 때, 교수님께 배운 태도들이 기초가 되었습니다. 그러다가 배운 것 같은 데 기억이 나지 않으면, 전화를 드려 여쭤보면서 확인하기도 했습니다. 친정에 전화해서 살림을 묻는 딸처럼, 언제든 여쭤보고 확인해 볼 수 있는 든든한 스승님이 계셨습니다. 그 든든함은 목회의 길이 외롭고 고될 때 더 의미 있었습니다. 연락을 드리지 않아도 그 존재만으로 소중한 의지처가 되니까요.

7년 전 천사무엘 교수님과 사모님께서 제가 목회를 하던 갤러리에 들리신 일이 떠오릅니다. 돌아가시고 나서도 한동안 들뜬 마음이 가시지 않았었습니다. 왜 그랬나 생각해 보니 대학 시절 은사님 앞에서 어린아이 같은 마음이 되었던 것입니다. "사랑과 열정으로 가르쳐주신 제자가 이렇게 살아가고 있습니다" 하고 보여드리고 싶었나 봅니다. 여유 시간이 많지 않았음에도 한 작품 한 작품 찬찬히 음미하시는 두 분 모습에 감동하고 감사했습니다.

특히나 편안하면서도 깊이 있는 관점으로 작품을 새롭게 볼 수 있게 해주셨습니다. 1년 넘게 해석하고 설명하고 많은 분들과 나눴던 작품들인데, 천사무엘 교수님을 통해 새로운 깊이를 맛보았습니다. 놀랍기도 하고 감동스럽기도 했습니다. 대학 시절 저 멀리 앞서가시던 교수님, 세월이 지나도 또 저 멀리 앞서가시며 새로운 가르침을 주고 계셨습니다. 교수님을 통해 깨달은 관점들은 그 이후 찬찬히 제 언어로 음미하고 정리했습니다. 게다가 오랜만에 만난 제자가 어떤 목회를 해 나가야 할지 전해주신 조언의 온기와 자상함이 남아있습니다. 그렇게 다시 제 삶에 씨앗을 뿌려주셨던 날입니다.

저만의 이야기일 리가 있겠습니까. 수많은 제자들에게 뿌리신 씨앗들이 제 안에서처럼, 아니 그보다 더 풍성하고 아름답게 열매를 맺고 있습니다. 그날의 씨앗들이 오늘도 또 다른 열매로 향기롭고 맛깔스럽게 익어가고 있습니다.

가장 아름다운 미소를 가진 남자!

방의성

97학번, 태국 선교사(치앙라이)

저에게 한남대학교와 기독교학과는 하나님 사랑의 징표였습니다. 학력고사 세대인 제가 군대를 다녀와 수능시험을 다시 공부하고 대학에 입학했습니다. 수능시험을 보고 학교가 궁금해서 캠퍼스를 방문하여 몇몇 곳을 다니는데 가장 인상 깊었던 장소가 있었습니다. 바로 문과대학이었습니다. 정확하게는 문과대와 법과대 사이의 길로, 계단과 강의실 벽면의 붉은 벽돌이었습니다.(웃음) 이상하게 그곳을 보는 순간 제게 허락하신 학교라는 사실을 깨닫게 되었기 때문이었습니다.

물론 그때는 그곳에 기독교학과가 있다는 것도 몰랐을 때이니 참 신기한 경험이었고, 감사한 일이었습니다. 그렇게 저는 늦깎이 신입생으로 97학번이 되었고, 동생들과 아름다운(?) 캠퍼스 생활을 시작하게 됩니다.

기독교학과에 입학한 후 천사무엘 교수님을 처음 뵈었습니다. 그때를 기억하시는 분들은 저의 말에 공감하실 수 있을 것입니다. 천사무엘 교수님의 첫인상은 아주 따뜻하십니다. 그러나 조금 수업에 들어가다 보면 가장 차갑게 느껴집니다. 하지만 결국에 보시면 가장 따뜻함을 가진 분이라는 것을 느낄 수 있을 것입니다. 바로 그것이 천사무엘 교수님의 매력입니다.

첫 만남의 따뜻함

처음 접하게 되는 따뜻함은 '아이 같은 미소'입니다. 제가 남자를 좋아하는 남자가 아님에도 아이처럼 활짝 웃으시는 교수님의 미소는 매력이 넘칩니다. 제 나이 이제 53세입니다. 교수님을 처음 뵌 후 28년이 지났지만, 아직도 교수님께서 환하게 웃어 주시던 그때 그 모습이 생생합니다.

문과대 복도에서든지 캠퍼스에서든지 인사를 드리면 가장 밝은 미소로 웃어 주셨습니다. 그 미소가 자칫 힘들고 어려웠을 저의 캠퍼스 생활을 이겨낼 수 있었던 힘이 되었습니다. 아마도 하나님께서 교수님을 통하여 저를 사랑해 주신 것이라고 믿습니다. 그리고 교수님께는 그 하나님의 사랑을 담아낼 미소를 소유하셨고요!

사실 저는 그 웃음을 배우기 위해서 거울을 보고 따라 해 보곤 했습니다. 멋있었고, 저도 그런 위로를 주고 싶은 마음이었기 때문이었습니다. 시간이 지나서 부교역자 사역의 자리에서도 같은 마음이 있었습니다. 성도님들을 만날 때 저도 그 모습으로 반겨주고 싶었기 때문입니다. 그리고 그 일은 성공적이었습니다. 성도님들이 저를 만났을 때 항상 위로받는 부분은 환한 미소였다고 하십니다.

그런 점에서 저는 선생님을 아주 잘 만난 학생이라고 생각합니다. (웃음) 아마도 이 마음가짐은 앞으로도 변하지 않을 것입니다.

저는 지금 부교역자로 사역하던 중 주님께 다시 부름을 받아 선교사로 태국 치앙라이에 와 있습니다. 아직 선교사라는 호칭이 어울리지 않는 배움의 단계입니다. 저를 다시 불러주신 주님은 저에게 태국을 주셨고, 치앙라이를 품게 하셨습니다. '선교'라고는 생각도 하지 않았던 저를 하나님은 왜 부르셨고, 어떤 계획을 나타내실까 끊임없이 질문을 던지며 지금 치앙라이에서 살아내고 있습니다.(웃음)

하지만 저에게는 좋은 선생님의 배움이 있습니다. 바로 위로와 힘을 흘려보내주는 '환한 미소'입니다. 이곳 선교지에서도 하나님의 백성들 향하여 그 미소로 하나님의 마음을 전하는 하나님 나라 이루어가는 선교사가 되기를 소망합니다.

배움 속의 차가움

1학년 새내기로 성서의 기초를 배우기 시작할 때 우리는 천사무엘 교수님을 반드시 만나게 됩니다. 물론 저도 그랬습니다. 그런데 캠퍼스에서나 복도에서나 마주칠 때마다 환하게 웃어 주시던 교수님의 모습이 조금 달라졌습니다.

가끔 웃어 주시기는 하는데 수업 중에는 성경에 대해서 가장 차갑게 공부할 것을 요구하셨습니다. 보다 냉철하게 보고 객관적으로 의미를 찾기를 요구하셨고, 그렇게 하지 못할 때에는 단호하고 냉정하게 책망하시기도 하였습니다. 이전의 환한 미소를 잊을 만큼 냉혹하게 보이실 때도 있었던 기억이 많습니다.

솔직히 그때는 교수님께서 저렇게까지 하실 필요가 있을까 생각하곤 했습니다. 그러한 철저함과 냉철한 배움의 자세를 요구하시는 교수님의 철학은 적나라한 성적표에도 반영이 되었습니다.(웃음) 일단 성적표를 받는 순간부터 따뜻함을 잊고 차갑고 냉정한 교수님만 기억하는 일이 종종 있었지요.(웃음)

교수님의 수업마다 이와 같은 차가움은 유지되었고, 보다 냉철해지지 않으면 좋은 성과를 거둘 수 없다는 것을 깨닫게 되었습니다. 그때부터였던 것 같습니다. 정말 열심히 수업을 듣고 공부했습니다. 처음 마음은 교수님의 미소를 보고 싶었던 것이고, 또 다른 마음은 나도 교수님처럼 철저함을 소유하고 싶었기 때문이었습니다.

성경 말씀에 대해서 냉철하게 바라보는 훈련시켜 주신 그 마음은 제가 졸업하고 사회에 나와 교회 현장에 사역할 때 빛을 발휘하게 되었습니다. 그동안 원래 그랬던 것처럼 배우고 읽던 성경 말씀에 다시 다가가는 자세가 생겼기 때문입니다. 그런 과정을 겪고 나니 원래 알았던 말씀을 냉철하게 분석하고 상고하며 그 본래의 뜻을 찾고 보다 정확한 의미를 성도들에게 선포할 수 있게 된 것입니다.

이 생각을 할 때마다 다큐멘터리에서 보던 장면이 떠오릅니다. 어떤 물체에 점도가 높은 이물질이 묻었을 때 그것을 제거해야 할 때, 제거하는 방법으로 점성 물질을 차갑게 해서 그 물질을 깨끗하게 완벽히 제거하는 장면이었습니다. 기독교 지도자로 세워질 새내기들에게 떨어버려야 할 것들이 많이 있었기에 그 과정이 혹독할 수밖에 없었다는 사실을 시간이 지난 후에야 깨닫게 되었습니다.

바로 이것이 천사무엘 교수님이 배움에 있어서는 차갑게 느껴졌던 이유입니다. 그러니 저는 참 좋은 선생님을 만났다는 사실을 하나님께 감사드리며 삽니다.

결국 따뜻한 미소

이 글을 읽는 분들은 교수님과 얼마나 있었다고 저렇게 잘 아는 것처럼 글을 쓰는지 의문을 갖는 분들도 계실 것입니다. 저는 천사무엘 교수님을 꽤 오랜 시간 옆에서 뵈었던 사람 중 하나입니다. 학부, 대학원, 교목실 행정 조교 그리고 아주 아주 가끔 학교에서 뵌 순간들을 모두 합치면 10년이 넘는 시간입니다.(웃음)

물론 함께 캠퍼스에서 조교를 하며 지냈던 지금까지도 교수님과 캠퍼스에서 함께하는 한은경, 박희진, 조성희 선후배님들에 비하면 명함도 못 내밀겠지만 말이죠!(웃음)

천사무엘 교수님은 대학에서는 그 환한 미소로 위로와 기쁨의 힘을 주셨고, 배움에 있어서 냉철한 차가움으로 뵈었습니다. 그리고 캠퍼스 복음화를 책임지는 교목실에서는 교목님과 교목실장님으로 함께할 수 있었습니다.

학교에서 공부하며 힘들어하고 삶으로 지쳐갈 때 교수님은 늘 따뜻하게 웃어 주시며 소망을 잃지 않도록 격려해 주셨습니다. 그 격려가 얼마나 따뜻했는지 아직도 그 따스함을 잊지 않고 있습니다. 그리고 저도 저와 같은 사람에게 그렇게 해 보곤 합니다. 잘 되지는 않지만, 그런 사람이 되도록 노력했습니다.

교목실에서 근무하며 괴로워할 때에도 신앙과 신학에 입각하여 바른 자세를 지키는 단호함을 가르쳐 주셨습니다. 항상 선교사들의 피로 세워진 이 학교를 잘 지켜내려고 많은 부분들을 절제하고 인내하시는 모습을 보여주셨습니다. 아마 이 자세는 우리 학과 모든 교수님들이 지키셨던 가치라고 알고 있습니다. 저도 가끔 타협하고 싶고 흔들리고 싶을 때 천사무엘 교수님과 교목실에서 나눴던 말씀과 상황들을 떠올려 보며 마음을 다잡습니다.

삶에서 저는 늦깎이 대학생으로 생활까지 책임져야 하는 상황에서 학교를 다녔습니다. 그 부담감은 저의 비전을 찾아가는 길을 더디게 하였습니다. 교수님은 그런 사정을 아시고 늘 걱정해 주시고, 결단의 순간들을 저에게 제시해 주셨던 것을 기억합니다. 지금 생각해 보면 저에게는 2~3번의 그 결단의 순간이 찾아왔었습니다. 그때마다 교수님이 계셨다는 것을 기억합니다. 교수님은 인생에 있어서도 방향을 놓치지 않도록 인도해 주신 인생 선배님이기도 하셨던 것입니다.

사랑하는 선생님!

교목실 조교를 퇴직한 지 17년이 지났습니다. 퇴직한 후 부교역자 생활을 하며 학교를 올 수 없는 상황이었습니다. 아주 오랫동안 캠퍼스를, 교수님들을 찾아뵐 수 없었습니다. 그런 큰 은혜를 입은 제자로 감히 할 수 없는 모습이었지요!

조금 시간이 지난 후 교수님을 뵐 기회가 있었습니다. 짧은 만남이었지만 교수님을 뵐 때 너무나 마음을 기뻤습니다. 그리고 여전히 그 환한 웃음은 변하지 않으셨고 반겨 주셨습니다.(웃음) 마치 지난주에 뵈었던 제자를 대하듯이 반갑게 맞이해 주셨고, 환하게 웃어 주셨습니다.

캠퍼스에서 함께 했던 10여 년의 시간 동안 그리고 지금까지도 제게 있어서 천사무엘 교수님은 가장 소중한 분으로 결론지을 수 있습니다. 앞서 말씀드린 것처럼 저는 교수님과 함께했던 그 시간들을 통해서 힘을 얻었고, 위로를 받았고, 저 또한 그런 사람으로 성장할 수 있었습니다. 50대가 된 지금에도 그 영향력은 결코 지워지지 않고 있습니다. 그 영향력은 저의 인생의 선배로, 선생님으로, 목회자로 새겨져 있습니다.

지금도 여전히 제게 있어서 천사무엘 교수님은 "따뜻한 가장 아름다운 미소를 가진 선생님"이십니다.

은퇴하신다는 소식이 너무 현실적으로 들리지 않습니다. 아직 젊은 청년의 정신과 기개가 있으시니 말이지요! 저는 확신합니다. 아마도 교수님께서는 은퇴 후 계획을 가지고 계실 것이라고 말이지요.(웃음) 또한 저는 희망합니다. 하나님께서 교수님에게 부어주신 큰 은혜를 후진들을 위해서 더 오랫동안 흘려보내 주셨으면 좋겠습니다.

이제 저는 이곳 치앙라이에서 기도하겠습니다. 우리 선생님의 건강과 하나님의 부어주신 큰 은혜를 지금까지 그러셨던 것처럼 흘려보내 주시기를 말이죠! 더 열정적으로 가르치시고, 후배들을 위해서, 제자들을 위해서 글을 남겨주시고, 혼내주셨으면 좋겠습니다.(웃음) 그렇게 되기를 우리 주님께 간절히 기도하겠습니다.

사랑하는 교수님! 수고 많으셨습니다.(웃음) 아쉬운 은퇴의 자리가 아니라 교수님 스타일대로 더 열정적인 새 출발의 시간이 되시기를 감히 응원합니다. 그리고 제자들을 위해서 앞으로 더 강건하십시오.
(웃음)

97학번 방의성 목사 올림

꿈꾸는 에서

신주용

97학번, 총회 파송 태국 선교사

1997년 3월 문과대 4203 강의실, 천사무엘 교수님과의 첫 만남. 매우 복잡한 마음이 교차했던 그 순간을 잊을 수 없다.

야곱의 인생이라 생각했던 나의 삶은 대학 생활을 시작하며 에서의 삶으로 변화되어져 갔다. 그렇다고 에서의 삶이 나쁘다는 것은 아니다. 에서에게는 사랑하는 가족이 있었고, 성경에는 나오지 않지만, 에서의 친구들과도 들판을 누비며 행복하게 지냈을 것이라 믿는다.

대학 시절 천사무엘 교수님은 천사의 모습이 아니셨다. 키 크고 마른 체형에 하얀색 와이셔츠와 넥타이 그리고 양복은 이분의 상징이었다(그냥 유대교 랍비셨다).

수업을 위하여 문과대에 가면 선배들 몇 명이 복도에 나와 있는 것을 가끔씩 보았다. 하늘 같은 선배(그 당시에는 기강이 구름 기둥과 불기둥이었다)에게 질문을 잘 할 수도 없었는데 선배들의 이야기를 들어보니 모자를 쓰거나 실내화를 신고, 가끔씩은 츄리닝을 입고 오는 경우 그리고 잠깐 수업 시간에 조는 모습을 걸린 경우 가차 없이 하시는 말씀은 "나가!"였다고 했다. 그 뒤로도 나는 계단에 앉아 있는 선배들을 가끔씩 보게 되었다. 일단 내가 내린 결론은 "천 교수님 눈밖에 나면 피곤한 대학 생활이겠구나"였다.

1학년 나의 학창 시절은 박병민과 강희재 등등 내로라하는 탕자의 친구들 버금가는 놈들과 함께 한남대를 가나안 땅 삼아 열심히 뛰어놀았고, 도서관은 어디쯤 있겠구나 생각하며 하늘을 이불 삼고 땅을 침대 삼아 살았다. 대학 1학년의 생활은 그만큼 자유의 시간이라 믿고 그 믿음대로 열심히 살았다.

그렇게 한 학기를 보내고 1학년 2학기로 접어들며 수업 시간마다 우리를 바라보시는 눈빛은 "나가!"라고 말씀하시기 직전이었음을 감지했다. 그래도 우리는 에서가 들판을 뛰어다니며 사냥을 했던 모습 그대로 열심히 살았다. 1998년, 귀한 신입생을 맞이했다. 1학년을 알차게 보낸 나로서는 후배들에게 우리의 삶을 살게 하면 안 되겠다 싶어 공부도 열심히 하라고 했다.

1998년 1학기로 기억을 한다. '이스라엘 역사와 종교' 천 교수님의 수업이었다. 전공 필수여서 피해 갈 수 없었다. 1학년 내내 못난 제자의 모습을 보였기에 박병민과 함께 열심히 공부를 했다. 그 당시에는 천 교수님 수업에는 성경 퀴즈가 있었는데, 100점 만점이었지만 은혜 점수 4점이 있어서 104점을 주셨다. 즉, B+인 학생이 성경 퀴즈를 만점 맞으면 A가 되는 것이다. 내 인생에 있어서 이렇게 큰 도전 정신으로 공부해 본 적이 없을 정도로 퀴즈 책을 다 외웠다. 우리는 열심히 공부를 했고 박병민과 나는 104점 만점을 맞았다. 하지만 교수님은 우리에게 가차 없이 B를 주셨다. 그것도 성적 정정 가능 기간 하루를 남겨두고 발표를 하셨다. 따질 수 없었던 것은 천 교수님께서 우리를 보시며 자상하게 웃으셨기 때문이다. 아직까지 그분의 인자한 웃음을 잊을 수 없다. 그리고 그 웃음 뒤에 하신 말씀은 "너희들은 자세가 안됐어"였다. 도대체 알 수 없었다… 그 자세라는 의미를. 역시 그분의 눈 밖에 났다는 것을 알 수 있었다.

1999년 S.E.S.의 <Dreams Come True> 노래가 한 창일 때 병민이와 나는 S.E.S.의 응원을 받으며 나란히 준비를 해서 군대에 갔다. 군제대 후 대학 생활보다는 삶의 현실의 벽이 너무 높았기 때문에 교목실 아르바이트를 시작으로, 밤에는 대리운전을 하고, 95학번 선배의 도움으로 학원 자습실 알바까지 하게 되었다. 그렇게 몇 년간 학업을 병행하며 살았다.

2003년 문과대에 벚꽃이 만개한 날에 꽃이 핀 언덕길을 올라가며 천 교수님을 만났다. 아직까지 잊을 수 없는 첫 마디, "주용아 너 요즘 어떠냐? 할만하냐?" "아뇨, 죽겠습니다." 왜 그렇게 말씀드렸는지 모르겠지만 모든 것이 힘들었던 그 순간이었기에 솔직하게 말씀을 드렸다. 그 후에 천 교수님은 대학교회로 부르셨고 학관에서 생활하게 해 주셨다. 어떤 선배에게 내 상황의 이야기를 들으셨는지 모르겠지만, 천 교수님은 나의 삶을 간간히 보고 계셨음을 알 수 있었다. 그 당시 천 교수님의 말씀과 결단은 에서가 더 큰 꿈을 갖고 들판을 뛰어다닐 수 있도록 해 주셨던 제자를 위한 배려였다. 그리고 스승의 배려와 사랑으로

대학교회에서 많은 사람들을 만나며 선교사로서 준비할 수 있는 훈련
이 되었다.

97학번 철없던 에서는 지금 한 가정의 가장이 되었고, 사랑하는 아
내와 함께 세 명의 자녀와 함께, 그렇게 더위가 싫다고 하나님께 따졌
지만, 태국 선교사로 16년을 맞이하게 되었다.

이제는 모든 것이 추억이 되어버렸다. 이 글을 쓰는 순간에도 후회
가 되는 것은 내 스승과의 따뜻한 식사도, 담소를 나눌 수 있는 차 한잔
도 행복한 시간을 갖지 못했다는 아쉬움이 내내 죄책감이 되어버렸다.

내 스승은 에서의 인생을 바라보시며, 물고기를 사서 주시는 분이
아니셨고, 고기를 구해 주시는 분도 아니셨다. 물고기를 잡으려면 강으
로 가야 함을, 고기를 구하려면 들로 나가야 함을, 그 순간순간 누구를
의지하는 것이 아니라 그냥 들판에서 하늘을 보며 하나님 앞에 충성되
게 살아라 가르쳐 주심을 알게 되었다.

대학 시절, 아르바이트를 하며 학비를 만들 때 제자의 어려움을 알
기에 장학금을 주실 수도 있었지만, 그 순간을 넘어 멋지게 목회자로서
선교사로 살아갈 수 있는 삶의 방법과 도움의 사람들을 만나게 해주심
이 지금의 나와 우리 가정을 있게 해 주셨다.

세상의 들판에서 한 곳을 바라보면 늘 그곳에 든든히 계셨지만, 이
제는 그곳을 바라보면 행복했던 추억만 있게 된 내 모교를 보며 추억으
로만 기억해 내야 할 일들을 이제는 받아들여야 하는 순간이 아직 나는
준비가 되지 않았다.

1997년 3월, 저를 만나주셔서 감사했습니다. 제 삶의 푸른 들판이

되어 주셔서 감사했습니다. 멀리서 사랑하는 가족과 함께 머리 숙여
감사를 드립니다. 우리 주님의 은혜와 사랑 그리고 평안이 내 스승 되
신 천사무엘 교수님과 사모님 위에 가득하시기를 기도하겠습니다.

2025년 4월 22일
태국 치앙마이 맥켄 한센병원에서
총회 파송 태국 선교사
신주용, 김진희, 예은, 요한, 온유 올림

스승

김 상 무

98학번, 대전 동부중앙장로교회 담임목사

98학번 김상무라고 합니다. 한남대학교 기독교학과를 졸업하고, 백석대학교 신학대학원 목회학 신학석사 학위를 마치고, 현 대전 동부중앙장로교회 담임목사로 재직 중입니다.

천사무엘 목사님께서는 제가 학부 시절 정말 학과에 대한 사랑과 학생 지도에 열정을 가지시고 성심껏 지도해 주셨습니다. 제가 처음 교수님의 가르침을 받았던 수업은 시편 관련된 수업이었습니다. 오래전 일이라 정확한 수업 명은 기억나질 않네요. 수업 과정 가운데 인상 깊었던 것은 교독문을 만들어 보라는 과제였습니다. 처음에 과제 주제를 들었을 때는 당황했지만, 교독문을 만들면서 말씀에 근거한 찬송을 만들어 볼 수 있었다는 특별한 은혜의 경험을 했습니다. 당시 보수적인 교회 안에 있던 제가 교독문을 새롭게 만들어 본다는 것을 상상이나 해봤겠습니까. 이후 교수님의 가르침은 말씀 안에서 좀 더 자유롭고 창의적으로 현실에 비친 하나님의 뜻을 발견하는 과정들로 채워졌던 것으로 기억합니다. 말씀의 틀은 벗어나지 않지만 좀 더 자유롭게 사고하고 체험하는 말씀에 대한 새로운 접근 방식들에 대해 배웠습니다. 이후 이러한 가르침은 현 목회에 있어서도 말씀을 근거로 현실을 분별하고 하나님의 뜻을 발견하는 여러 시도와 열매로 이어지고 있습니다.

제 아내 역시 한남대학교 기독교학과 99학번입니다. 특별히 아내는 졸업 당시 천사무엘 교수님께서 논문 지도 교수님이셨기에 집사람에게 있어 그 가르침은 좀 더 특별했습니다. 교수님께서는 항상 기독교학과 학생들에게 다양한 학문의 체험을 강조하셨고, 이에 집사람은 사회복지학까지 다전공 하여 졸업 당시 사회복지사 1급 자격증까지 취득할 수 있었습니다. 저는 건축학과 수업을 들어가면서 교회 개척에 대한 꿈도 키울 수 있었고, 결국 교수님의 조언으로 저희 부부의 학부 시절 이러한 학업들은 카페 창업, 인테리어 창업, 카페 컨설팅 및 유통 사업으로 이어지는 소중한 가르침의 기회가 되어 주었습니다. 저희 부부는 졸업과 동시에 한남대학교 98학번과 99학번 학우들과 교수님들의 열렬한 축하 가운데 결혼하였습니다.

결혼 후 신학대학원을 졸업하고 전도사 시절, 아내와 저는 자비량 선교를 목표로 작은 커피숍을 시작하였고, 하나님의 축복 가운데 3년 만에 100여 평이 넘는 규모의 대형 커피숍을 대전 송촌동에서 운영할 수 있었습니다. 정말 감사했던 것은 커피숍 운영 중 천사무엘 교수님께서 찾아와 주셔서 수년이 지난 시점이었지만, 저희 부부의 이름까지 기억해 주시며 기도로 힘써 도와주셨습니다.

기독교학과 교수님들의 모임, 개인 모임, 한남대학교 교수 모임에 이르기까지 항상 찾아 주시면서 격려와 기도로 도와주셨고, 이를 계기로 한남대학교 선후배들의 방문까지 이어지며 사역과 사업에 있어 다양한 한남대학교 출신 학우 및 교수님들의 사랑방 역할을 할 수 있었습니다.

대전에 머물면서 다양한 분야에 종사하는 학우들 간의 소통이 이루어졌고, 사업과 사역에 있어 소통하며 서로 돕고 기도하는 너무 좋은 만남들이 지금까지 이루어지고 있습니다.

교수님께서는 저희 부부의 커피숍 경험, 목회 사역 경험을 한남대학교 기독교학과 후배들과 나눌 수 있는 기회까지 만들어 주셔서, 수차례에 걸쳐 특강 형식으로 기독교학과 후배들에게 카페 창업에 대해 가르쳐 주었고, 수년 전에는 대전시에서 진행하는 '청춘터전' 사업에 교수님의 도움으로 기독교학과 후배들이 참여하여 다양한 사회적 경험을 후배들에게 전해줄 수 있었습니다. 그 가운데 카페를 매개로 한 사역에 꿈이 있던 한 후배는 2024년 후반기에 한남대학교 근처에 카페를 창업하여 기독교적 만남 사역에 더욱 매진할 수 있게 되었습니다.

학부 시절 뵈었던 젊고 자유롭고 열정이 넘치시는 목사님의 모습은 저에게 많은 가르침과 도전이 되었습니다. 그래서 군대를 제대하고 열심히 공부하여 과에서 1등을 하고 전액 장학금을 받았을 때 천사무엘 교수님이 공부하셨던 연세대학교에 편입까지도 도전해 봤었습니다. 물론 떨어졌지만 말입니다. 지금 생각하면 오히려 떨어져서 오늘까지 교수님을 뵐 수 있었던 것이 저에게는 다행이자 축복이었습니다.

부족한 저에게 특강 시간까지 허락하시면서 제가 하고 있는 사역에 대한 자부심을 더욱 가질 수 있도록 기회를 주셨고, 힘든 코로나 시기 등 여러 카페 경영상 어려울 때 시시로 찾아와 주셔서 환하게 웃어주셨던 것이 저희 부부에게는 큰 힘이 되었습니다. 오실 때마다 커피 맛에 극찬해 주셨기에 버티고, 위기도 기회로 삼아 이길 수 있었습니다. 특별히 2024년도 후반기에는 저희 부부의 아들이 고3 기간이었고, 그 이전에도 카페에서 저희 아들을 만나주실 때마다 영어 공부에 대한 당부와 말씀에 대한 공부로 세계관을 확립해야 한다는 가르침을 주셔서 지금 저희 아들은 자신의 꿈을 가지고 열심히 노력하고 있습니다.

얼마 전 교수님 방에 찾아뵈었을 때에 간직해 두셨던 책을 주시며 응원해 주셨습니다. 뵐 때마다 환하게 웃으시며 아낌없이 가르침을 주시고 도와주셨던 그 마음 소중히 간직하고, 또 그 은혜에 보답한다는 심정으로 열심히 사역에 임하고 있습니다. 벌써 시간이 이만큼이나 흘러서 퇴임을 앞두고 계신다고 생각하니 서운한 마음 역시 금할 수 없습니다. 꼭 시간을 내서 대전에 있는 학우들과 인사 가야지 하면서도 사는 것이 뭐가 그리 바쁜지 동기들과 함께 한 번을 찾아뵙지 못해 너무 죄송한 마음입니다.

교수님께서는 저의 젊은 청년의 날에는 소중한 가르침을 주셨습니다. 사업체에 있는 경영인으로 뵐 때에는 칭찬과 격려를 아끼지 않아 주셨습니다. 사역자로 뵐 때에는 기회를 주셔서 자부심을 가질 수 있었습니다. 무엇보다도 교수님의 가르침으로 말씀에 대한 믿음 안에서 자유로운 사고로 세상을 분별할 수 있는 눈을 가질 수 있어서 너무 감사합니다. 퇴임하신 후에도 저희 부부 소중한 가르침에 항상 감사한 마음 간직하며 신앙 안에서 최선을 다해 헌신하겠습니다.

교수님 감사합니다.

삶으로 가르치는 것만 남는다!!!

박희진

98학번, 남해창선노인전문요양원 시설장

"삶으로 가르치는 것만 남는다."

이 한마디야말로 교수님을 가장 잘 표현하는 문장일 것입니다.

하나님의 은혜로 1998년 한남대학교에 입학한 이후, 지금까지 저는 한남대학교 교정을 누비고 있습니다.

기독교학과 학생으로 4년, 조교로 8년(학부 5년, 대학원 3년), 시간강사로 3년 그리고 겸임교수로 13년 … 그 오랜 시간 동안 제 삶에 결정적인 영향을 끼친 분이 계십니다. 단순히 강의실에서만 가르치는 분이 아니라, 삶으로 가르치시는 진정한 스승이셨습니다.

함께 울고 함께 웃고, 시대의 부조리함에 침묵하지 않으며, 옳은 일 앞에 먼저 서고, 그른 일에는 단호히 목소리를 내셨습니다. 뜻을 굽히지 않고 바르게 살아가는 모습은 말보다 행동으로 보여주셨습니다.

수업 중 교수님이 해주신 말씀 가운데 가장 기억에 남는 건 단연코 "놀아도 도서관에서 놀아라", "엉덩이의 힘이다"라는 말씀이었습니다.

일단 도서관에 가서 시간을 보내다 보면, 자연스레 습관이 생기고, 그 습관이 결국 삶을 바꾼다는 가르침이었습니다.

단순한 조언 같지만, 그 말은 지금 제가 1학년 신입생 후배·제자들에게 가장 많이 하는 말이 되었습니다.

학과 조교로 처음 내부 감사를 받을 때, 처음 경험하는 일이라 두렵기도 하고 떨리기도 했지만, "잘못한 게 없으니 괜찮다. 문제가 생기면 내가 책임지겠다"라고 해주신 말씀은 지금도 잊을 수 없습니다.

외부 서류 하나하나에도 빨간펜으로 첨삭 지도를 해 주셨고, 교수 회의에서도 한 번도 큰소리 내지 않으시며, 어느 누구에 대해서도 험담하지 않으셨습니다.

교수님은 단 한 번도 연구실 정리나 개인적인 심부름을 시키지 않으셨습니다. 오히려 늘 먼저 본을 보이시며 스스로 하셨고, 일상에서 크고 작은 일이든 구분 없이 항상 본으로 앞장서 주셨습니다. 가르침은 언제나 지시가 아닌 '보여주심'이었습니다.

학교를 떠나 남해에 요양원을 개원하게 되었을 때도 무척 대견해하시며, 누구보다 기뻐하며 진심으로 격려해 주셨습니다. 학교에서 다른 교수님들께 인사를 시키실 때도 남해에서 요양원을 한다며, 자랑스러워 하셨습니다.

항상 본을 보여주시고, 솔선수범하셨던 모습은 종사자들에게 지적하고, 지시하기보다 행동으로 먼저 보여주게 하였고 리더로써 어떤 모습을 갖춰야 하는지에 대해서도 배우게 하셨습니다. 아무도 평가하지 않고, 험담에 휘둘리지 않고, 기준을 가지고, 모두를 평등하고, 똑같이 대할 수 있도록 했습니다. 그리고 매일 만나게 되는 어르신들의 삶에 대해 존경과 감사 사랑을 표현할 수 있도록 사랑받은 기억만 가득하도록 제 삶을 풍성하게 해주셨습니다.

국가와 교회와 사회에 봉사할 기독교 정신에 입각한 인재 양성이라는 창학정신과 교육목적을 구현하기 위한 과목인 현대인과 성서를 처음 강의 하게 되었을 때는 이 과목이 가지는 의미를 다시금 새기게 하였고, 일방적 지식 전달을 넘어 강의실과 밖에서 교수와 학생 간에, 또한 학생 상호 간에 활발한 대화와 소통이 이뤄질 수 있도록 깊이 소통하고 함께 배워나가는 역동적인 수업이 되어야 한다고 말씀하셨습니다. 중간고사와 기말고사 시험문제를 어떻게 출제해야 하는지에 대한 노하우를 공유해 주셨고, 최근에는 사범대학 시험을 고민하자 출제 유형에 대해서도 친절히 안내해 주셨습니다.

'현대인과 성서', '성서와 인성'을 가르치는 지금, 저 또한 교수님의 그 가르침처럼 누군가의 삶에 변화가 되기를 꿈꾸며 강의실에 섭니다. 삶이 곧 가르침이 될 수 있다는 믿음으로 말입니다. 제 인생의 여러 선택 앞에서도 늘 따뜻한 격려와 조언을 아끼지 않으셨던 것처럼 저 또한 누군가에게 그런 사람이 되도록 노력하겠습니다.

먼 길을 오가며, 강의한다고 대전 최애 맛집을 찾아 데려가 주시며, 건강을 챙겨 주신 모습 또한 잊을 수 없습니다.

최근에는 일상을 많이 나누어 주셨습니다. 건강한 음식, 건강한 생각, 건강한 운동 그리고 학생들에 대한 그리움까지….

식사 자리에서 알게 된 사실은, 교수님께서 35세에 한남대학교에 오셔서 30년을 가르쳐 오셨다는 이야기였습니다. 인생에 있어 가장 좋은 시기에 열정과 사랑으로 품어 주셨음이 감사합니다. 교수님과의 교제 가운데 최근에는 어떻게 살아야 할지에 대한 생각을 많이 하게 했습니다. "비움이 곧 채움"이라는 진리를 다시금 배우게 되었습니다.

1998년, 처음 뵈었을 때 후광이 비치던 그 모습 그대로, 여전히 찬란하신 교수님. 그 시간의 자리에 함께 할 수 있음이 영광이었습니다. 그리고 얼마나 감사한지 모릅니다. 삶으로 가르쳐 주신 모든 순간에 진심으로 감사드립니다.

하나님께서 걸어오신 그 길을 기억하시고, 새로운 여정 가운데 더욱 풍성한 은혜로 채워주시기를 기도합니다.

7천 마일 너머의 울림

임선경

98학번, The Salvation Army USA

Eastern Territory Headquarters (NY)

Territorial Theological Council, Vice Chair

아직 겨울옷을 다 벗지 못한 채 1998년 3월 한남대 교정에 들어섰다. 스물네 살의 나이로 시작하는 대학 생활은 몇 해의 쉼과 망설임 끝에 이뤄진 선택이었다. 염려와 기대가 섞인 감정을 애써 숨기며 문과대로 향하는 긴 계단을 오르며 하나님께 기도를 드렸다. 새로운 배움의 기회에 대한 감사, 하나님을 더 깊이 알아가고자 하는 갈망 그리고 앞으로 만나게 될 사람들과의 관계 속에서 지혜를 구하는 진심 어린 기도였을 것이다.

기독교학과 첫 학기, 여러 수업들 중에서도 지금까지 가장 기억에 남는 수업은 단연 '현대인과 성서'이다. 하얀 얼굴, 단정한 인상, 교수라고 하기엔 다소 젊어 보이는 천사무엘 교수님이 강의실에 들어오셨고, 첫 수업에서 해주신 말씀이 25년이 지난 지금도 여전히 마음에 남아있다. 그날 교수님은 대학 생활을 시작하는 새내기들에게 대학에서 경험하게 될 배움에 임하는 성실성과 주어진 시간을 허비하지 않으며, 삶에 진정성을 가지고 살아가는 그리스도인으로서의 삶에 대한 태도에 대해 조용하고도 단단한 어조로 말씀하셨다. 대학 입학 전 성인이 된 후 몇 해를 더 살며 녹록지 않은 삶을 경험한 나에게 충분한 공감과 동시에 도전이 되었고, 하나님께서 원하시는 삶에 대해 고민하던 그 시기 나를 깊이 흔들어 놓았다. 천사무엘 교수님의 첫 번째 수업은 지식을 전달하고 가르치는 교수로서의 모습을 넘어선 믿음의 삶을 살아가고 있는 목회자이자, 믿음의 선배로서의 큰 울림이자 방향을 제시해 주시는 분이 되었다.

그 이후 천 교수님의 수업은 내가 가장 손꼽아 기다리는 '최애 수업'이자 가장 기다려지는 수업이었다. 나름 성경을 읽고 묵상하는 훈련된 삶을 살아왔다고 자부하던 나는, 그 수업을 통해 여전히 성경의 깊이와 배경을 충분히 이해하지 못한 채, 겉핥기 식으로 접근하고 있었다는 사실을 깨달았다. 천 교수님의 수업은 그런 나를 말씀의 역사와 맥락 속으로 안내하는 전환점이 되었고, 성경을 더 깊이 이해하고자 하는 갈망을 품게 한 귀한 시간이었다.

기억에 남는 천 교수님의 모습은 강의실 안팎으로 확연히 달랐다. 수업 시간의 교수님은 엄격하고 철저하셨으며, 계획된 수업의 주제는 흐트러짐 없이 전개되었다. 강의실 밖에서 뵌 교수님은 하얀 얼굴에 눈주름이 생기도록 환하게 웃으시며 다정하게 학생들을 맞아 주셨고, 농담도 스스럼없이 건네며 편안한 분위기를 만들어 주셨다. 이 두 모습은 나에게 단순한 지식 전달자 이상의 인물로 교수님을 기억하게 했다.

대학 시절 친하게 지내는 동기들과 교수님의 다양한 면모에 대해 이야기 나누던 기억도 여전히 유쾌하게 남아있다.

교수님의 가르침은 단지 학문적인 지식에 그치지 않았다. 성경을 이해하려는 태도, 배움에 임하는 자세 그리고 그 속에서 자신의 삶을 바라보는 관점을 정리하게 된 시간이었다. 대학 졸업을 앞두고 당시 다전공으로 사회복지를 공부하고 있던 나는 미국 유학을 결심하게 되었다. 2002년 12월 모두가 크리스마스를 기다리던 계절, 낯선 도시 뉴욕 도착해 사회복지 석사를 계획하고 어학연수를 시작했다. 이후 2004년 구세군 사관신학교(The Salvation Army College for Officer Training)에 입학했고, 2006년 교육과정을 마치고 구세군 사관(목사)으로 안수를 받고, 신학교에서 만난 남편(Dr. Joshua A. Simpson)과 그해 6월에 결혼하며 본격적인 사역의 길을 걷기 시작했다. 남편과 함께 'Greenfield, MA'와 'Rochester, NY'에서 각각 5년과 2년 동안 지역 교회를 섬기며 목회 사역을 이어갔고, 2013년 6월 뉴욕주에 위치한 구세군 사관신학교에 남편과 함께 교수진으로 임명되었다. 삶의 자리는 바뀌었지만, 배움과 신앙, 사명의 중심은 여전히 교수님께 들었던 첫 강의의 메시지를 따라 움직이고 있었다.

그 간 아들 둘을 낳고, 대학원(Asbury Theological Seminary)을 마치고, 모국어가 아닌 영어로 신학교에서 강의를 하며 살아가던 나에게, 2016년 9월 한남대 동기 박희진을 통해 천사무엘 교수님과 다시 연락이 닿았다. 천 교수님께서 뉴욕 Stony Point Center에 방문하신다는 소식을 듣고, 내가 근무하는 신학교에서 가까운 거리라는 이야기에 기쁜 마음으로 한걸음에 달려가 천 교수님을 만나 뵈었다(사진). 함께 점심 식사를 나누고, 함께 동행하신 최영근 교수님과도 인사를 나눈 그 짧은 시간은 내게 큰 위로와 재확신의 계기가 되었다. 함께 대화를 나누던 중 한남대 학생들의 미국방문에 내가 근무하는 신학교 방문 계획을 의논하고, 다음 해인 2017년 몇몇의 후배들을 만날 수 있는 기회가 되었다. 내가 그 만남을 굳이 언급하는 것은 그 짧은 만남이 하나님이 목적을 가지고 나를 위해 예비하신 시간이었고, 다시금 내 안의 배움에 대한 갈망을 일깨워 준 의미 있는 시간이었다고 확신하기 때문이다.

그렇게 다시 연결된 천 교수님과 몇 차례 연락을 주고받으며, 그 이듬해에 'Emory University: Candler School of Theology'에서 성서해석학 박사과정을 시작하고, 2020년 6월에 구세군 신학대학 학과장으로 임명되었다. 학위를 받고 신학교에서 맡게 된 과목은 '구약 개론'이었다. 수업을 배정받고 왜 천 교수님 생각이 났을까? 내게 있어 성경의 학문적 입문과 이해에 가장 큰 영향을 주신 분이시기 때문이다. 7천 마일이라는 물리적 거리와 20년이 훌쩍 넘는 시간적 간격에도 불구하고, 교수님의 가르침은 여전히 내 삶의 여러 순간에 큰 울림이 되어 주고 있었다. 구약을 연구하며 강의 자료를 준비하며 말씀을 읽고 기도하며 한국어 자료들을 인터넷을 통해 접할 때, 심심찮게 천사무엘 교수님의 저서와 강의들을 접할 기회가 있었고, 때때로 내가 다시 교수님의 강의실에 앉아서 수업을 듣고 있는 듯한 감정을 느끼곤 했다. 신학자로서, 교수로서 그리고 그리스도인으로 걸어가는 길 위에서 지속적인 영향력으로 이뤄지고 있다.

나는 자주 연락을 드리는 제자는 아니지만, 내가 살아가는 날들에 삶의 여러 순간마다 교수님의 가르침이나 응원이 나를 지탱해 주었다.

또 이렇게 몇 해를 지나 얼마 전 허물없이 지내는 동기로부터 교수님의 은퇴 소식을 들었고, 그 소식은 자연스럽게 나를 과거의 기억들로 이끌었다. 묵혀 두었던 사진첩을 꺼내 보고, 한남대 홈페이지를 찾아 교수님들의 근황을 살펴보며, 한 사람의 가르침이 또 다른 삶에 얼마나 깊은 울림과 방향이 될 수 있는지를 다시금 실감했다.

글을 마치며, 교수님의 삶이 앞으로의 시간 속에서도 그 본질을 잃지 않고, 오히려 더욱 깊은 평안과 풍요로움으로 채워지기를 기도드린다. 이제 강의실을 떠나시지만, 그 자리에 남은 흔적은 오래도록 제자들의 마음속에 살아 숨 쉴 것이다. 그 은은한 울림은 여전히 멀리까지 전해지고 있다. 그리고 나는 그 울림 속에서 배웠던 것처럼, 누군가의 삶에 작지만 진실된 흔적을 남길 수 있는 사람이 되기를, 그 시작에 천사무엘 교수님이 계셨음을 오래도록 기억하고 싶다.

천사무엘 교수님께

이 형 채

99학번, 대한예수교장로회총회 한국장로교복지재단

교수님, 1999년 봄, 아직 고등학생 티를 벗지 못한 채 어수룩한 까까머리로 강의실 앞줄에 앉아 수업을 듣던 이형채입니다. 생각해 보니 이제 마흔 중반이 된 저의 나이만 셈하고 살았던 것 같네요. 언제부터인가 살아온 삶이 싱겁고 밍밍하게만 느껴져 지나온 순간을 돌아보는 게 두렵기도 했고, 무엇으로 간을 맞출지 몰라 그저 하루에 하루를 더하며 지내온 듯합니다. 그러다 보니 시간을 함께 새겨가는 다른 이들의 삶과 그간의 사연에 더욱 무심해졌나 봅니다.

대학에 입학하던 그해 저의 스무 살은 어느 시인의 말처럼 "가능도 불가능도 짐작할 수 없는 나이"였습니다. 같은 학번 동기들이 다들 그렇듯 다른 대학을 떨어지고 선택한 학교였고, 기독교학과에 진학한 목표도 삶의 방향보단 점수가 이끈 선택이었습니다. 약간의 열패감과 조금의 기대감이 뒤섞이며 시작한 대학 생활이었었지요. 하지만 은혜라면 은혜일까요? 저는 그곳에서 저보다 더 치열하게 스무 살을 살아낸 선배들, 두런두런 얘기하면 사람 냄새가 뿜어져 나오던 순수한 동기들을 만났습니다. 그리고 비어 있던 우리의 한 시절을 누구보다 소중히 여기고 채워주려 애쓰셨던 스승들을 만나 큰 방황 없이 대학 생활에 적응할 수 있었습니다.

교수님, 그해 첫 수업을 기억하시나요? 선배들은 신입생인 저희에게 "천 교수님 수업을 들어야 '깨지는' 경험을 한다"라고 말하곤 했답니다. 당시 교수님은 학과의 젊은(?) 교수님이셨고, 저희는 교회의 '성경 공부'와 '신학 수업'의 간극을 체감한 적 없었던 어린 신학도였지요. '현대인과 성서'라는 첫 수업, 문과대 강의실 4403호에서 시작된 만남은 누군가에게는 '믿음'과 '믿어야 하는 것' 사이의 균열이 되는듯했고, 누군가에게는 한번은 무너뜨리고 다시 조립해야 할 신앙이 그때를 만나는 순간이 되는 것 같았습니다.

저 역시 처음 듣는 성서의 형성사나 이스라엘의 역사, 역사 비평학의 날선 이론들을 들으며 적잖이 당황(?)했던 기억이 선명합니다. 하지만 그때마다 강의실의 젊은(?) 교수님은 학생들의 반응에 따라 학설을 생략하거나, 빈곤한 양식의 은혜로 포장하지 않고 오히려 우리의 얕은 사고와 신앙의 바닥을 직면할 때까지 몰아붙이셨지요.

"질문하고 싶은 게 있으면 그때그때 하세요."

교수님은 수업 시간마다 자주 이렇게 말씀하셨습니다. 빈약한 고백과 깃털 같은 자기 신앙의 중량을 마주하며 숨이 차오를 때마다 교수님은 "질문하라"고 하셨습니다.

"왜 우리의 신앙을 흔드는가?"라는 호기로운(?) 질문도 있었고, 해석과 묵상의 경계를 여전히 넘지 못한 채 마구 던지는 가량맞은 물음도 있었습니다. 하지만 무슨 질문이든 교수님은 "질문하면서 정리되어 가도록" 우리의 질문을 수정해 주셨고, 차근차근 답변해 주셨습니다. 때로는 고집을 고백으로 포장하는 우리의 얄팍한 자기연민을 엄하게 꾸짖기도 하셨고, 한 걸음 더 나아갔으면 하는 질문에는 관련분야 다양한 책과 저자들을 소개해 주시며, 답변 너머에서 스스로 더 공부할 수 있도록 자극을 주셨습니다. 그때의 책과 수업 내용은 기억에서 가물가물해졌지만, '질문할 수 있는 용기'와 '질문의 힘'은 여전히 또렷하게 남아있습니다.

제가 3학년이던 해에 교수님은 첫 연구 학기(안식년)를 맞으셨고, 제 기억으로는 미국의 어느 대학으로 가셨지요. 그해에 저는 당시 운동권 그룹이었던 한총련 소속으로 문과대학 학생회장 선거에 나갔었습니다. 수년간 비운동권 그룹이 다져놓은 텃밭에서 조직도 힘도 돈도 없던 학생들이 무슨 배짱으로 도전을 했는지…. 지금 생각하면 그때의 뜨거움(?)이 다소 유치해 보이기도 하고, 한편으로는 뭉근한 기억으로 그때의 무모함이 그립기도 합니다.

낙선 후 다음 학기에 바로 휴학을 하고, 저는 고향으로 내려가 공익근무를 시작했습니다. 신학을 계속 공부해야 하는지, 목사가 되어야 하는지 다시 고민했던 시기였고, 교회와 목회자에 대한 회의감이 극에 달할 때이기도 했습니다.

그해 3월 초로 기억합니다. 어느 날 교수님께서 제 휴대폰으로 전화를 하셨습니다. 연구 학기를 마치시고 돌아와서 저에 대한 이야기를 들으셨던 것 같았지요. 수화기 너머로 들렸던 교수님의 첫 일성은 아직도 생생하게 기억납니다.

"뭐 하고 지내니?"
"공부는 하고 있니?"

저의 대답은 툭툭 끊겼고, 문장으로 이어져도 흐물거리기만 했었지요. 몇 가지 안부를 더 물으신 후,

"다른 거 생각하지 말고 계속 공부해. 신대원 잘 준비하고… 그리고 다른 교단 갈 생각하지 말고 장신대 신대원 준비해…. 복학해서 보자…."

하시고 통화가 끝났습니다. 길지 않은 대화였습니다.

추상같은 명령도, 맹렬한 다그침도 아니었지만, 저는 그 통화 이후 다시 마음을 정할 수 있었습니다. 천천히 공부를 시작했고, 신대원 준비를 이어가게 되었지요.

돌이켜보면 모두의 스무 살이 그렇듯 힘겹고 다급한 순간이 간혹 인생의 체기로 이어져 누군가 등을 두들겨 줘야 할 때가 있지요. 지금 생각해 보면 그때 교수님의 전화 한 통이 저에게는 약하게 쥔 주먹으로 등을 두들겨 주던 손길과 같았습니다.

교수님, 그 이후로 저는 신대원과 몇 곳의 교회를 거치며 목사가 되었습니다. 부목사로 지방의 한 교회에서 잠시 사역 후 지금까지 저는

교단 소속 기관 목사로 살고 있습니다.

많은 것이 바뀌어야 한다며 팔뚝질하던 스무 살의 저는 이제 많은 것을 지키려는 사람들이 모인 광장의 한 복판에서 일을 하고 삽니다. 그래서일까요? 저는 언제부터인가 스무 살의 저를 대면하기가 부담스러웠고, 그때의 질문들은 지워가며 살고 있습니다.

그 시절, "신학이 이렇게 정의 된다면 얼마나 좋을까?" 하며 자주 읽던 구절이 있었습니다.

"모든 전위문학은 불온하다. 그리고 모든 살이 있는 문화는 본질적으로 불온한 것이다. 그것은 두말할 것도 없이 본질이 꿈을 추구하는 것이고 불가능을 추구하는 것이기 때문이다."
— 김수영, 「실험적인 문학과 정치적 자유」

교수님, 저는 더 이상 불온함을 꿈꾸지 않습니다. 아니 스스로 그런 삶을 선택하지 못했습니다. 그래서 간혹 서글퍼지기도 합니다. "천 교수님을 만나 깨져야 하는" 스무 살의 저는 어느덧 다시 주류와 만나 단단하게 영글어져 버렸습니다. 또한 이제 누군가의 질문을 받아야 하는 생의 시점에서 저는 날아오는 질문을 피하며, 그것을 '정무적'이라는 말로, '노련함'이라는 말로 포장하는 법도 배워버렸습니다. 지나온 시간을 돌아보니 교수님께 배우고 받은 것을 저는 잘 실천하지 못하고 산 것만 같습니다.

나이는 먹었지만, 여전히 질문을 받아줄 스승이 곁에 있어야 하는가 봅니다. 아니, 다시금 질문이라는 것을 하며 살 수 있도록 풍경 같은 스승이 곁에 있어야 하는가 봅니다. 내가 알아 온 것이 편견일 수 있음을 알게 되었듯이, 교회와 목회자가 향해야 할 곳이 어디여야 하는지를 배웠듯이….

나이가 들면 나이만큼의 완고함이 쌓인다는 걸 지적해 줄 수 있는 스승이 있기를, 오랜 목회 경력이 성도들의 일상의 고단함에 가까이 다가가지 못하게 할 수도 있음을 가차 없이 말해줄 스승이 있기를, 때로 불온함이 세상을 바꿀 수 있음을 인정하며 인생의 선택을 하라고 소리쳐줄 스승이 있기를… 바라봅니다.

저에겐 교수님이 그런 분이십니다. 은퇴 후에도 그런 스승으로 오래 남아 계시길 기도합니다.

이형채 올림

스승의 가르침, 제자의 길

| 대학원 & GMLP |

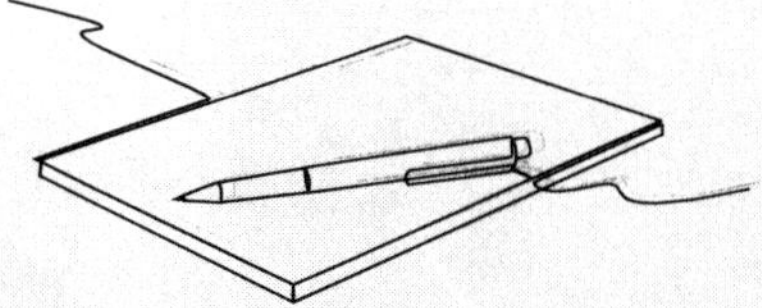

스승의 가르침, 제자의 길

권 상 덕

구약학 박사. 대한예수교장로회(PCK) 파송 대만 선교사. 목사

사랑하고 존경하는 천사무엘 교수님의 은퇴를 진심으로 축하합니다. 물론 아쉽기도 합니다. 훌륭하신 스승이 학교를 떠난다는 것은 또한 슬픔이기도 합니다. 제자들로서는 은퇴 없이 더 오래 교단에서 가르쳐주시고 더 사랑을 베풀어 주시면 좋겠다는 생각도 듭니다. 교수님은 참 스승이셨습니다. 제자들의 학업을 헌신적으로 이끌어 주신 교수님의 수고 그리고 구약학을 향한 깊은 열정과 사랑이 저의 삶에도 깊은 흔적을 남겼습니다. 이 뜻깊은 은퇴논문집을 통해 제 작은 감사의 마음을 전할 수 있게 되어 참으로 영광입니다. 교수님을 통해 배운 것은 단지 지식의 차원에 머물지 않았습니다. 말씀을 경외하는 법, 학문을 대하는 태도 그리고 삶으로 말씀을 살아내는 모습은 지금까지 저의 목회 현장과 선교 사역의 중심을 이루고 있습니다.

교수님과의 첫 만남과 구약학과의 만남

저는 장로회신학대학원을 졸업할 때쯤 종로에 있는 한국교회100주년기념관에서 처음 교수님을 뵙고, 한남대학교회에 와서 청년대학부를 담당해달라는 부탁을 받고, 그 자리에서 결정하면서 교수님과의 만남과 인연이 시작되었습니다. 지금 돌아보면 그때의 만남은 하나님의 계획하심이라는 생각이 들 정도로 저는 변화되기 시작했습니다.

이전까지는 구약성경이 너무나 방대하여 다 읽고 공부하기도 어려워 멀게만 느꼈습니다. 그러나 교수님의 강의를 통해 구약은 살아 있는 하나님의 말씀이며, 구약이 있기에 신약이 있게 된 것을 알게 되어 구약성경 안에 담긴 하나님의 언약은 오늘을 사는 우리에게 여전히 유효하고 능력 있는 진리임을 깨닫게 되었습니다.

교수님이 주신 영향

한남대학교회에서 시무하면서 저는 대학원에서 교수님으로부터 구약학을 배우게 되었습니다. 대학원 과정만이 아니라 학부에서 강의하셨던 모든 구약학 과목을 청강하면서 신학에 다시 눈을 뜨고, 석박사 과정에서 교수님의 가르침으로 구약학이라는 학문에 문외한이던 제가, 구약을 알게 되면서 성경을 새롭게 읽게 된 것은 제 인생의 큰 전환점이 되었습니다. 또한 교수님의 가르침은 제게 구약을 해석하는 새로운 지평을 열어주었습니다. 본문을 그 자체로 그리고 성경 전체 이야기 속에서 읽는 훈련은 제가 성경을 단편적인 교훈이나 역사로 받아들이는 태도에서 벗어나게 하셨습니다.

또한 교수님의 가르침을 통해 성경 문자(文字)에 담긴 내용과 의미도 제대로 모르면서 그 문자 너머에 있는 하나님과 하나님의 뜻을 마치 다 아는 양 가르치며 행동하는 어리석음을 깨우치게 되었습니다. 성경 말씀 앞에서 늘 겸손하게 서는 사람이 되라는 말씀, 성경 말씀을 해석하기 전에 먼저 겸손히 듣는 사람이 되어야 한다는 말씀은 제게 학문에 임하는 자세뿐만 아니라, 말씀을 대하고 가르치는 제 사역의 근본 원칙이 되었습니다. 교수님께서는 단지 구약이라는 학문만이 아니라 그 안에 담긴 하나님의 마음을 함께 읽고 보게 하셨습니다.

교수님은 구약학자로서의 전문성을 갖추는 데 그치지 않으시고, 항상 그 말씀을 '살아내는 사람'이 되도록 저를 이끄셨습니다. 성경을 단지 '배우는 책'이 아닌 '살아가는 책'으로 이해하게 해 주신 분, 그분이 바로 천사무엘 교수님이셨습니다.

이처럼 교수님은 강의만큼이나 삶의 태도로 제게 큰 영향을 주셨습니다. 교수님은 연구와 강의로 바쁘신 와중에도 학생들을 기억하시고, 진심으로 걱정하고 돌봐주시던 모습이 늘 생각납니다. 교수님께서는 단지 학문의 깊이뿐 아니라, 말씀을 해석하고 그 말씀을 삶으로 살아내시는 진심 어린 열정으로 제게 성경을 해석하고 그대로 살아가야 함을 몸소 보여주셨습니다. 교수님께서 제자들을 진정으로 사랑하시는 마음과 몸소 도와주시는 따뜻한 행동은 목회자인 제게 말씀을 대하는 태도와 삶에 결정적인 영향을 주었으며, 선교 현장에서도 살아 있는 말씀을 전하는 원동력이 되었습니다.

특별히 교수님은 제게 인격적인 부분과 신앙적인 부분에서 영향을 주셨고 길잡이가 되어 주셨습니다. 교수님께서 저에게 하신 조언과 격려는 제 인생의 방향을 결정하는 데 결정적인 역할을 했습니다. 한남대학교회로 온 것이나 대학원에서 구약학을 공부하게 된 것은 물론 선교사로 나가기까지의 모든 과정, 또한 선교사로 사역하는 가운데서도 교수님의 조언과 협력은 늘 제게 위로와 힘이 되었고, 어려운 순간에도 긍정적인 마음과 기다릴 줄 아는 사람이 되게 하였습니다. 교수님과의 대화는 늘 제게 깊은 감동을 주었고, 그것이 제 신앙을 더욱 깊게 만들었으며 사역을 풍성하게 했습니다.

교수님의 전폭적인 성원과 지원은 제가 선교사로 파송되어 사역하는 지금까지 변함이 없습니다. 처음 6년 동안 인도네시아 선교사로 파송되어 사역하는 동안 3년간 PCK 인도네시아 선교사 가족 수련회에 강사로 오셔서 말씀의 잔치를 베풀어 선교사들에게 큰 감동을 주셨고, 저의 사역지인 그 먼 곳, 술라웨시 섬 마나도까지 오셔서 위로하고 격려해 주신 것을 잊지 못합니다. 그리고 대만에도 두 차례나 오셔서 선교사들에게 말씀을 베풀어 주신 사랑은 늘 제 사역에 힘이 되고 위로가 되었습니다. 이 지면을 빌어 다시 한번 머리 숙여 감사의 마음을 전합니다.

사역과 선교 현장으로 이어지는 가르침

더더욱 구약학에 깊이 관심하며 공부하게 된 것은, 교수님의 배려로 기독교학과에서 7년 동안 구약학 과목을 강의하면서부터였습니다. 부족한 사람에게 귀한 기회를 주신 교수님의 기대와 믿음에 부합하기 위해 제대로 된 강의 교안을 만들며 열심히 준비하였고 최선을 다해 강의했습니다. 그 덕분에 교회에서도 성경을 깊이 연구하고 공부하여 교재를 만들어 가르쳤으며, 또한 대만 선교사로 파송 받아 대만의 타이베이한국교회에서 시무하는 8년 동안에도 변함없이 교재를 직접 만들어 가르칠 수 있게 되었습니다. 특히 성도들에게 구약성경의 가르침에 빠져들게 함으로써, 구약성경을 새롭게 보고 느끼도록 안내할 수 있었고, 그 결과 성도들은 구약성경을 통해 크게 감동하고 세상에서 약자를 배려하는 정의롭고 공정한 삶을 살아야 함을 깨닫게 되었습니다.

교수님이 제게 남기신 유산

교수님의 학문적 업적도 물론 위대하지만, 그만큼 크고 깊은 유산은 제자들의 삶과 신앙에 남긴 영향이라 생각합니다. 저는 그 유산의 작은 한 조각으로, 지금도 그 가르침을 이어가려 애쓰고 있습니다. 성경 말씀을 계속 공부하고 연구하여 하나님의 말씀을 바르게 가르치고 전하며, 그 말씀을 삶으로 증거하는 일에 있어 언제나 모범을 보이셨던 교수님을 저는 지금도 그렇게 따라가고 있습니다.

또한 저는 선교 현장에서 말씀을 전할 때, 구약의 이야기를 단지 과거의 사건이 아니라, 지금 이 땅에서도 동일하게 역사하시는 하나님의 약속으로 전하고 있습니다. 구약에 나타난 하나님의 신실하심, 의로움, 자비 그리고 성실하신 인도하심을 가르치고 전할 때, 그들의 눈빛이 변하는 걸 종종 봅니다. 무엇보다도, 교수님께서 제게 보여주신 "삶으로 말씀을 증언하는" 학자의 모습은 제 삶의 목표가 되었습니다. 강단 위에서뿐만 아니라, 삶의 자리에서도 말씀을 살아내는 것, 그것이 진정한 신학자의 길임을 저는 교수님께 배웠고, 지금도 그 길을 가고자 애쓰고 있습니다.

무엇보다 교수님은 대학원 강의는 물론이지만, 학부 강의에서도 학생들에게 단순히 지식을 전달하신 게 아니라 그 지식을 바탕으로 하여 논리적으로 사고하게 하고, 질문을 던지며 생각하게 하셨습니다. 이를 통해 학생들은 더 깊이 있는 학습을 경험하고, 자기의 생각과 의견을 형성함으로써 사회와 교회를 비판적으로 볼 수 있게 하셨습니다. 교수님께서 가르치며 강조하셨던 비판적 사고의 필요성은 제게 아주 중요한 교육 철학이 되었습니다. 그래서 강의할 때 학생들에게 질문하고 함께 토론할 수 있는 환경을 조성하는 데 적용하였고, 이를 통해 학생들은 스스로 사고하고 깊이 있게 토론하도록 하였습니다.

스승의 뜻을 따라가는 제자의 길

저는 지금도 앞으로도 교단 소속 선교사로서 복음을 전하고 가르칠 것입니다. 그 여정 속에서 늘 제 마음에는 "나는 천사무엘 교수님의 제자다"라는 자부심과 책임감이 있습니다. 부족하지만, 교수님이 제게 보여주신 그 영성과 성실함을 따라가며, 저 또한 한 사람의 인생을 변화시켜 주는 전환점이 되는 교역자가 되기를 기도하고 있습니다.

교수님의 학문은 단순히 지식을 탐구하는 차원을 넘어서, 하나님을 더 깊이 알고 사랑하는 길로 이어졌습니다. 저 역시 지금까지 목회 현장과 선교 현장에서 성경 말씀을 가르치며, 그들이 단지 '학문'을 쌓고,

성경을 머리로만 아는 데 머무르지 않고, 하나님의 말씀 앞에 무릎 꿇는 사람으로 살아가도록 인도하는 데 최선을 다하고 있습니다.

감사의 고백

교수님께서 하신 평생의 사역과 헌신에 깊이 감사합니다. 교수님은 제가 하나님 말씀 앞에 올바로 설 수 있도록 인도해 주셨고, 학문의 길에서 방황하지 않고 참 길로 걸어갈 수 있도록 이끌어 주셨습니다. 은퇴하신 후에도 주님 안에서 더 깊은 평안과 기쁨을 누리시며, 후학들에게 여전히 영적·학문적 나침반이 되어 주시기를 바랍니다.

교수님의 은퇴를 다시 한번 진심으로 축하하오며, 교수님의 앞으로의 삶과 사역 위에도 하나님의 은혜와 복이 가득하기를 기도합니다. 저는 앞으로도 교수님께서 걸어오신 그 길을 기억하며, 부족하지만 그 길을 따라 살아가겠다고 다짐합니다. 은퇴는 또 하나의 시작이라고 생각합니다. 함께하시는 주님의 은혜가 교수님의 앞날에 더욱 풍성히 임하시기를 기원합니다.

리셋 그리고 봄날
― 스승을 향한 한 제자의 고백

김나현

17학번, 구약학 석사과정

교수님, 저 나현이에요!

2017학년도 제가 처음으로 한남대학교 기독교학과에 입학하였을 때 저는 갓 거제도에서 대전으로 유학 온 촌뜨기였습니다. 야속한 시간이 어찌나 빨리 흘러버렸는지, 벌써 교수님의 은퇴가 다가왔다는 사실이 실감이 안 나고 너무 서운해요. 영영 은퇴 안 하시고 매주 월요일 다 같이 모여서 수업 듣고 싶어요. … 은퇴 문집 준비하면서 눈물이 나더랍니다.

제 대학 생활에서 그리고 인생에 있어서 든든한 반석이 되어 주시고, 끊임없이 지도해 주신 교수님과의 지난 시간들을 적어보고자 합니다. 이 글은 개인적으로 교수님과의 일화가 주를 이룬 경험에 근거한 소감문입니다.

이 짧은 글에 다 적을 수 없지만, 제가 너무너무 사랑하고 존경한다는 사실을 언제까지나 기억해 주세요!

리셋(Reset), 새로운 시작

기독교학과에서의 대학 생활은 제게 상당히 만족스러웠고, 정을 붙이며 즐겁게 지낼 수 있었습니다. 그러나 여전히 어떤 공부를 하고 싶은지, 어떤 사람이 되고 싶은지에 대해서는 확신이 없었습니다. 목표의식도 없었고, 공부를 열심히 해야 한다는 생각조차 하지 못했던 것 같습니다. 어쩌면 제 안에는 시작도 하기 전에 스스로 포기해버리는 패배감이 이미 자리하고 있었는지도 모르겠습니다.

천사무엘 교수님은 저에게 처음으로 "네가 마음먹고 열심히 하면 뭐든지 될 수 있다"라고 말씀해 주신 어른이셨습니다. 어느 종강예배에서 교수님께서는 '리셋'(Reset)이라는 메시지를 전하셨습니다. 고등학생 때 성적이 좋지 않아서 혹은 꿈이 없어서 스스로 한계선을 그어두고 그것을 넘지 못한다면 인생은 거기서 멈추고 만다. 하지만 이제 기독교학과에 입학한 모든 학생은 이 순간부터 리셋, 곧 이전 것은 모두 사라졌고 지금부터 새로운 시작이라고 말씀하셨습니다.

"나도 이전의 것들이 사라진다면, 다른 삶을 살아갈 수 있을까?"

이 설교 말씀은 제게 강력한 권면이 되었고, 마음 깊은 울림으로 다가왔습니다. "후회 없는 대학 생활을 해 보고 싶다"라는 결심도 그때 처음 들었습니다.

교수님의 제자라면 누구나 한 번쯤 들어봤을 "도서관에 가서 하나님을 만나라", "진리는 공부를 통해서 찾을 수 있다"라는 말씀도 저는 처음에 무척 놀랍게 들었습니다. 보통 목사님들은 기도나 예배 참석을 권하실 것 같은데, 교수님께서는 믿음도 공부를 통해 자란다고 말씀하셨기 때문입니다.

이어 교수님께서 대학생 시절, 매일 도서관 개관 시간에 맞춰 들어가 폐관 시간까지 공부하고, 체력 단련을 위해 운동장을 10바퀴 돌았다는 이야기를 들으며 저도 따라 해 보기로 마음먹었습니다.

처음에는 온몸이 쑤시고, 한 시간만 앉아 있어도 힘에 부쳤습니다. 그럼에도 아르바이트 시간과 수업 시간을 제외하고는 늘 중앙도서관과 56주년기념관 열람실에서 전공 수업을 복습했습니다. 주말에도 빠짐없이 도서관에 출석하며, 짧게는 2시간에서 길게는 8시간까지 자리에 앉아 공부에 몰두했습니다.

자연스럽게 교수님께서 집필하신 책도 찾아 읽게 되었고, 다양한 아카데믹 아티클을 접하며 "건강한 신앙과 신학이란 무엇일까"를 고민하기 시작했습니다. 기도에 응답받지 못하고, 소명 체험을 경험하지 못해 늘 불안했던 시간들과 "하나님이 나를 사랑하지 않으면 어쩌나", "지금 내가 하고 있는 일이 정말 옳은 일일까"를 끊임없이 고민하던 저에게 교수님은 '자유'하라는 메시지를 수업을 통해 전해주셨습니다.

생각의 문을 열어주신 수업

교수님께서는 늘 수업 시간마다 지식을 전달하는 것을 넘어, 도전

(Challenge)을 끊임없이 던져 주시는 분이셨습니다. 교수님께서 수업 중에 제시하신 모든 주제와 질문들은 그 파급력이 상당했습니다. 지금도 기억에 남는 내용들은 "성경 내용의 역사성은 실제 역사와 다르다", '예수 탄생 설화', '노아의 방주'와 같은 것들입니다.

사실 저는 생각보다 큰 충격을 받지는 않았고, 오히려 새로운 지식을 배운 것이 즐거웠지만, 동기 중에는 충격을 받아 수강을 포기한 친구도 있었습니다. 그때부터 교수님께서 학생들의 사고를 '말랑하게' 만드시려는 의도를 가지고 수업을 구성하셨던 것이 아닐까 하는 생각이 들었습니다. 교수님께서는 학생들에게 오늘날 우리가 어떻게 성경을 건강하게 해석하고 개인의 삶과 사회에서 하나님의 영광을 드러낼 수 있는지를 가르쳐주셨습니다.

그동안 교회에서 제자 훈련이나 성경 공부를 통해 배워 왔던 많은 내용들에 대해 내심 의구심이 있었지만, 감히 목사님께 질문할 수 없어 외면하거나 어영부영 받아들였던 것들이 많았습니다. 교수님과의 수업을 통해 저는 그동안 품고 있던 기독교에 대한 여러 의문들을 학문적인 방향으로 정직하게 해소할 수 있었습니다.

저학년 때는 이러한 내용들을 어떻게 받아들여야 할지 많이 고민했지만, 고학년이 되어 성서를 좀 더 본격적으로 배우게 되었을 때는 이미 사고가 유연해진 덕분에 깊은 재미를 느끼며 공부할 수 있었습니다. 국내의 많은 신학서적들을 읽다 보면, 결론이 흐릿하게 마무리되는 경우가 종종 있습니다. 논의 끝에 "그럴 수도 있고, 아닐 수도 있다"라는 식으로 끝나면서, 독자는 정작 어떻게 받아들여야 할지 혼란을 느끼게 됩니다. 하지만 천사무엘 교수님께서는 달랐습니다. 교수님께서는 언제나 성서 해석의 관점을 명확히 제시하시고, 자신의 신학적 입장을 가감 없이 전달하시는 학자셨습니다. 그런 분명한 태도는 학생들의 입장에서 보았을 때 믿고 따를 수 있는 신뢰의 이유가 되었습니다.

학부 수업들을 통해, 내가 믿고 있던 하나님은 문자주의에 사로잡혀, 엉뚱하게도 내 마음대로 만들어 낸 하나님이었다는 사실을 깨닫게 되었습니다. 하나님을 믿는다는 이유로 평생 나를 짓누르던 죄책감과 의무감 그리고 "이해하지 말고 그냥 믿으라"는 교회의 가르침이 사실은 학문적으로 충분히 해석될 수 있다는 사실에 저는 이전에 경험해 보지 못한 자유와 해방감을 느꼈습니다.

번외로 기억나는 일화가 하나 있습니다. Claremont School of Theology의 총장님께서 한 번 방문하신 적이 있었는데, 그분이 교수님의 박사과정 시절을 함께한 친구셨습니다. 그분께서 제게 "네 교수님은 정말 보수적인 편이야"라고 하셨을 때, 정말 큰 충격을 받았습니다. "우리 교수님이 보수적이라고…?"

경계를 넘게 하신 스승

교수님의 제자라면 '도서관'과 더불어 반드시 교육받는 것이 바로 '영어 공부'가 아닐까 싶습니다. 당시 저는 영어에 대해 정말 아무것도 모르고, 관심도 없었습니다. 때는 1학년 2학기, 교수님께서 수업 시간마다 영어의 중요성을 강조하시니, 도서관에 가는 루틴을 유지하면서 전공 복습을 하고, 남는 시간마다 영어 단어를 외우기 시작했습니다. 하나도 모르던 사람이, 어느새 둘 셋 정도는 알아듣게 되는 경험을 하면서 공부가 조금씩 재미있어졌습니다. 그 무렵 교수님께서는 또 다른 미션을 주셨습니다. 원래는 미래 취업을 위해 다전공을 고민하던 때였는데, 교수님께서 강력하게 교환학생을 가 보라고 추천해 주셨습니다. 고민 끝에 제2영어권 국가를 선택해, 3학년 2학기에 University of the Philippines Diliman으로 교환학생을 떠나 1년간 공부하게 되었습니다.

사실 저는 매사에 걱정이 많은 전형적인 '우물 안 개구리'였지요. 그렇게 교수님께 반강제로 등이 떠밀려 떠나게 된 유학 첫 수업에서 강의의 내용 절반도 알아듣지 못했고, 쪽지시험만 보면 늘 꼴등. 은행에 가서 출금하는 일조차 제대로 하지 못해 쩔쩔매고, 매일 밤 눈물범벅이 되던 시절이었습니다.

1학기가 끝나갈 무렵, 포기하고 한국에 돌아가고 싶다고 교수님께 말씀드렸더니 "원래 그런 거다. 그렇지만 너는 할 수 있으니 꾹 참고 끝까지 있어 봐라" 하시며 격려해 주셨습니다. 결국 억지로 이어간 2학기, 그때부터 정말로 귀가 열리고 말이 트이기 시작했습니다. 스스로도 믿지 못하던 저를 "너는 할 수 있다"라고 믿어 주신 교수님 덕분에 이를 악물고 수업에 들어가고, 에세이를 쓰며 버텨 낼 수 있었습니다. 교수님께서는 늘 제자들의 그릇이 커질 수 있는 기회를 제시하셨습니다.

필리핀에서 저는 정말 다양한 사람들을 만나 친구가 되었습니다. 한국교회에서 늘 논쟁이 되는 모든 주제를 실제로 제 룸메이트와 클래스메이트로 마주하게 되었고, 함께 생활하며 과연 "하나님을 믿는 신앙이란 무엇인가", "나는 신학생으로서 이들을 어떻게 대해야 할까"에 대해 근본적인 질문을 던질 수 있었습니다. 이전에 교수님께 배웠던 모든 내용이, 낯선 현장에서 생생하게 다가왔습니다.

저의 편협한 사고방식과 세상을 바라보는 관점이 완전히 뒤집히는 시간이었습니다. 그제야 교수님께서 수업 시간에 늘 말씀하셨던 "그릇을 넓혀라", "더 넓은 세상으로 나아가라"라는 가르침이 몸으로 이해되기 시작했습니다. 교수님이 아니셨다면, 저는 아마 사고가 굳은 채, 타인을 향한 눈을 들 생각도 하지 않는 이기적인 그리스도인으로 살았을 것입니다.

번외로 교환학생 생활의 마지막 즈음, 마침 코로나19가 터졌습니다. 초반에 가장 문제가 되었던 지역 중 하나가 바로 필리핀이었고, 당시 제가 머물던 기숙사 내에서 확진자가 발생했습니다. 그리고 당장 내일 도시가 봉쇄된다는 뉴스가 긴박하게 나오고 있었죠. 그날 밤 11시가 넘은 시각, 가족들과도 연락이 닿지 않아 막막한 순간 떠오른 분이 교수님이었습니다. 지금 생각하면 민폐였지만, 교수님께 보이스톡을 걸어 상황을 말씀드렸습니다. 교수님께서는 "지금 당장 짐 싸서 들어와"라고 하셨고, 그 통화가 끝나자마자 짐을 꾸려 급하게 귀국했습니다. 다행히 교수님의 빠른 판단 덕분에 저는 무사히 한국에 돌아와 학기를 마칠 수 있었습니다. 그날 출국하지 못한 친구들은 이후 오랫동안 본국에 돌아오지 못했다고 들었습니다.

어느 날 담임목사님

2학년이 되던 해 한남대학교회에 천사무엘 교수님이 담임목사님으로 오셨습니다. 강의실에서만 뵈던 교수님을 교회에서 목회자로 만나보니 감회가 새로웠습니다. 교회와 관련된 기억에 남는 일화가 몇 가지 있습니다. 먼저 개인적 일화로는 2학년이 된 무렵 형편이 어려워져서 학교 기숙사비를 충당할 수 없던 저는 휴학을 하고 고향으로 내려가려고 했었으나, 교수님과 면담에서 사정을 말씀드리니 대학교회에서 운영하는 여학관에 들어와서 살라 하시며 자리를 마련해 주셔서 다행히 학업을 이어갈 수 있었습니다. 교수님께서는 늘 학생들에게 "요즘 어떻게 지내니?", "어려운 점은 없니?" 먼저 물어봐 주시곤 하셨습니다. 그리고 학생들에 맞추어 해결 방안을 제시해 주시고, 실제로 해결 방법을 찾아 주시기도 하셨어요.

다시 교회와 관련된 일화로 기억에 남는 일은, 보통 교회에서는 하나님을 '여호와'라고 많이 부르고, 찬양 가사에도 수없이 쓰이는 단어인데, 이 표현은 엄밀히 보자면 틀린 표현이기에 전면 금지한 것입니다.

또 어느 날에는 대학부 '예배'라는 표현을 사용하지 말라고 하셨습니다. 예배는 11시 공식 예배만 '예배'로 칭할 수 있고, 나머지는 모임으로 이어 나가라는 것이었어요. 그래서 수요예배도 '수요모임'으로 바뀌었죠. 당시 임원들은 예배를 폐지하라는 뜻으로 오해하여 난리가 났는데, 그때 대학부 회장이었던 제 남편이 목사님께 이 내용에 대해서 예배를 지키고 싶다는 내용의 편지를 써서 드리는 일도 있었어요. 목사님께서는 이에 대해서 오해 없이 설명해 주시고, 우리가 사용하는 표현법부터 올바르게 써야 한다는 취지로 교회 내에서 여러 가지를 말 그대로 개혁해 나가셨습니다. 당시 아무것도 모르던 대학생이었던 저조차도, 일부 교인들의 반발이 얼마나 거셌는지 눈에 보일 정도였습니다. 그럼에도 불구하고 교수님은 자신이 옳다고 믿는 방향이라면 타협하지 않고 끝까지 밀고 나아가셨습니다. 그 모습에서 저는 "옳은 일을 향한 비타협의 자세"가 무엇인지 배울 수 있었습니다. 이후 대학부 학생들은 사소한 호칭이라 생각할 수 있지만, 단어 하나를 사용할 때도 적절한 사용이 맞는지 생각해 보게 되었습니다.

마침, 그 시기에 저는 링크 사업 인턴으로 대학교회에서 사역 인턴십을 하고 있었는데, 교수님은 부교역자 입장에서 보아도 세상에서 가장 든든한 담임목사님이셨습니다. 권위를 내세운 적이 없으시고, 어려운 일이 생기면 앞장서서 막아주시는 분이셨습니다. 설교 시간에는 학문적으로 깊이 있는 사실들과 오늘날 우리를 위한 메시지를 정확하게 전달하시고, 친교 시간에는 누구보다 따뜻하게 성도들을 대해 주셨습니다. 그 사랑을 직접 받은 저는, 교수님을 단지 존경하는 스승이 아니라 '내가 닮고 싶은 목회자'로 바라보게 되었습니다. 저 역시 교수님 같은 목회자가 되고 싶다는 꿈을 처음으로 품게 되었습니다.

뿐만 아니라 목사님께서는 언제나 대학부 학생들을 최우선으로 생각해 주셨습니다. 해외 비전트립이나 선교활동의 기회를 주셨고, 대학 생활에서 특별히 교회를 통해 잊을 수 없는 배움의 시간을 가질 수 있도록 해주셨습니다.

물론… 영상 편집을 정말 많이 시켜서 진짜 힘들었던 기억도 납니다. 하지만 지금 와서 생각해 보면, 그 덕분에 제 편집 실력이 향상되었으니, 아마 그것 또한 교육의 일환이 아니었을까요?

번외 이야기로, 남편의 편지 사건 이후 한 달에 한 번씩 주일 예배 후 다 함께 피자를 먹는 자리가 생겼습니다. 그 자리에서 교수님께서 갑자기 저에게 말씀하셨습니다. "너 남자친구 없지? 저 애 괜찮은 것 같으니까 사귀어 봐. 결혼하면 좋을 스타일이야." 그 말씀에 힘입어…

지금까지 저희 부부는 잘 살고 있습니다!

스승께서 축복해 주신 날

학부 졸업 이후에 문과대학에서 조교로 일하면서 결혼을 준비했었는데, 그때 저는 교수님께 결혼식의 축사를 부탁드렸습니다. 사실 주례를 꼭 맡아달라고 학부생 때부터 졸랐었는데, 그때는 제가 사역을 하고 있었기 때문에 어쩔 수 없이 축사를 부탁드리게 되었습니다.

결혼을 준비하는 과정에서도 교수님께서 부부는 서로에게 어떻게 대해야 하는지와 돈을 허투루 쓰지 말라고 누누이 강조하셨습니다. 그 덕에 가진 것 하나 없었지만 용기 내서 진행할 수 있었습니다. 공부나 진로지도 해주시다가 이젠 결혼 지도도 해주시는 우리 교수님 저는 언제까지나 말괄량이 제자인가 봅니다.

교수님께 청첩장을 드리기 위해서 봉투에 적은 사례금을 들고 연구실을 찾아갔던 날이 지금도 생생합니다. 정말 많이 드리고 싶었지만, 당시에 저는 조교였고 남편은 대학원에서 석사 연구원으로 공부를 하던 때라 정말 가진 게 없었거든요. 교수님은 안 받겠다고 하셨지만, 저의 부탁에 마지못해 받아 주셨습니다. 아직도 교수님께서 그날 해주셨던 말이 참 위로가 됩니다. 추운 겨울이었는데, 교수님께서는 청첩장을 받아주시곤 저를 한번 안아주셨습니다. "나현아, 그동안 고생 많았고 잘 버텼다. 이제는 남편한테 사랑 많이 받으면서 네 인생에 봄날이 계속되기를 바란다." 주책맞게 눈물이 나서 그 자리에서 펑펑 울었습니다. 누구보다 저의 대학 생활을 잘 아셨던 어른, 엄마도 모르는 고민을 들어주셨던 따뜻한 교수님.

결혼식 당일에 축사를 해주셨을 때, 담임목사로서 우리 부부를 지도했던 것, 필리핀 이야기 등 철없는 어린 제자가 결혼한다고 하니 아낌없이 축복해 주셔서 정말 감사합니다.

"나현이는 입학했을 때부터 빨리 결혼하고 싶다고 노래를 부르더니 정말 졸업하자마자 시집을 가네요. 이 두 사람은 하나님 안에서 가정을 이루었으니 서로 아껴주면서 오래도록 행복한 가정을 이루세요. 오늘 내가 성혼서약 후 첫 증인으로 축사를 합니다. 결혼을 축하합니다."

살면서 힘든 순간이 올 때마다 생각나는 일화입니다.

교수님 연구실에서 영어 스터디

교수님께서는 어느 날 저희 부부와 희선이를 따로 부르셔서 한 학기 동안 영어를 가르쳐 주셨습니다. 세상에, 대체 어떤 교수님이 직접 학생들을 불러 영어를 가르쳐 주실까요?

그때 우리 셋이 함께 모여 TOEFL 단어를 외우고, 서로 테스트도 하며 스터디를 시작하게 되었습니다. 토플 공부를 도대체 어디서부터 어떻게 시작해야 할지 막막하던 시기에, 교수님께서 물꼬를 트여 주신 정말 소중한 시간이었습니다.

일상 회화는 어느 정도 가능했지만, 미국 대학원에 지원할 만큼의 TOEFL 성적을 낸다는 것은 차원이 다른 문제였습니다. 시작도 하기 전에 포기하고 싶다는 마음이 들곤 했습니다. 공부를 이어가는 중에도 점수가 잘 나오지 않자, 저는 거의 매주 한 번씩 교수님께 "포기하고 싶다"라고 투덜거렸습니다. 어느 날은 따뜻한 위로로, 또 어떤 날은 채찍처럼 따끔한 조언으로 교수님은 끝까지 포기하지 않도록 저를 이끌어 주셨습니다.

그리고 마침내 미국 대학원에 합격했던 날, 저는 인생에서 가장 큰 성취감을 느꼈습니다. 그 순간 가장 먼저 떠오른 분도 교수님이셨습니다. 바로 연락드리니 축하해 주시며, 함께 콩나물국밥을 먹으러 가셨습니다. 교수님께서는 그 자리에서 이렇게 말씀하셨습니다. "이건 끝이 아니라 시작이다. 지금보다 훨씬 더 많이 노력하고, 더 깊이 공부해야 한다."

처음 미국 유학을 준비하던 시절, 제 주변에는 "할 수 있다"라고 응원해 준 사람들이 그리 많지 않았습니다. 대부분은 회의적인 반응이었고, "너무 큰 도전 아니냐"라고 말하기도 했습니다. 하지만 교수님께서는 언제나 제자들에게 한계를 두지 않으시고, 가능성의 길을 보여주셨습니다.

교수님의 마지막 제자, 즐거운 대학원

교수님의 은퇴가 얼마 남지 않은 시점, 저는 구약학 석사과정에 입학하게 되었습니다. 교수님께 한 번이라도 더 지도를 받고 싶었고, 무엇보다 교수님이 너무 좋아 결국 구약학에 발을 담그게 되었습니다. 그렇게 교수님은 우리 4인방을 마지막 제자로 받아주셨습니다.

교수님의 강의와 저서를 읽으며, 저는 '신학과 신앙의 균형'이란 것이 무엇인지 몸으로 체득할 수 있었습니다. 전도사로 사역하던 시절, 수업을 들으며 배운 내용을 실제 설교에 활용하고, 교사들과 나누며 큰 유익을 얻기도 했습니다.

특히 기억에 남는 수업은 요나서 강독입니다. 히브리어 원문을 통해 요나서를 풀어가며, 그에 담긴 지혜 요소들이 많다는 사실에 깜짝 놀랐습니다. 교회에서 우리가 흔히 들어오던 요나서와는 너무도 다른 메시지였습니다. "큰 물고기는 과연 어떤 종류였을까?" 같은 얄팍한 질문에 머물렀던 저에게, 이 수업은 우문에 현답이 주어지는 시간이었습니다.

수업 중 교수님께서는 "요나가 물고기 뱃속에서 육지로 나아간 것은, 단지 한 번의 기적 때문이 아니라 그 이전부터 시작된 하나님의 구원 역사 안에 있었기 때문"이라고 말씀해 주셨습니다. 그리고 이것은 우리들의 매일의 삶에도 적용이 된다는 부분에서 큰 은혜와 위로를 받았습니다. 신앙생활을 하면서 마치 로또 복권에 당첨되듯, 기적을 기대하며 믿음을 유지하려 했던 제 모습이 부끄러웠습니다. 교수님께서 "무엇이 기적이냐? 기적은 우리의 존재 자체이다"라고 대답하셨습니다. 방언을 하지 못해서 절망하고 특별한 은사가 없어서 질책 받았던 신앙을 가진 저였지만 요나서 수업 이후, 저는 그런 복권 같은 신앙을 내려놓고, 매일 주어진 것에 최선을 다하며 매일 우리 삶에 은혜 주시는 하나님께 감사하는 신앙인으로 변화해 가게 되었습니다. 또한 석사 과정을 통해 사역의 현장에서 많은 도움이 되었습니다. 제가 사역하던 부서에 교사 한 분은 성서에 대한 질문이 많고, 이성적으로 이해되지 않는 부분에 늘 어려움을 느끼시는 분이었습니다. 특히 아브라함이 이삭을 제물로 바치려는 장면에서, "하나님이 이중인격처럼 느껴진다"라고 하시며 남편분과 언쟁을 할 정도였습니다. 하지만 저는 교수님께 창세기 수업에서 고대 근동 사회의 인신공양 배경을 배웠기 때문에, 이 내용을 바탕으로 그분께 설명을 드릴 수 있었습니다. 그 교사분은 오히려 신앙생활에 더 깊이 적응하게 되었고, 저 또한 큰 보람을 느낄 수 있었습니다.

특별히 예언서를 배우던 학기에는, 예언자들의 사회운동과 당시의 부도덕한 경제 구조, 불안정한 사회상에 대해 배우며 예언서에 대한 시각이 달라졌습니다. 더 나아가 21세기 오늘날에도 우리 역시 예언자적 삶을 살 수 있으며, 성경은 죽은 문헌이 아니라 오늘을 살아가는 이들에게 새롭게 해석되고 적용되어야 한다는 확신을 갖게 되었습니다.

교수님은 단순히 지식을 전달하는 분이 아니셨습니다. 제자들이 스스로 듣고 깨달으며 인사이트를 얻게 해주시는 분이셨고, 더 나은 사람으로 성장할 수 있도록 진심으로 인도해 주시는 참된 '선생'이셨습니다.

교수님, 감사합니다. 그리고 사랑합니다

글이 자꾸만 두서없이 흘러갑니다. 생각나는 것도, 기억에 남는 장면도 너무 많지만, 분량은 정해져 있고… 스승께 받은 은혜를 이 짧은 지면에 다 담아낼 수 없어 답답한 마음뿐입니다.

30년이 넘는 시간 동안, 교수님께서는 한남대학교 교정에서 스승으로 학생들을 가르치시고, 목회자로는 성도들을 사랑으로 품어 주셨습니다. 그 모든 시간이 얼마나 귀하고 위대한 시간이었는지를 제 마음속 깊이 되새깁니다.

교수님은 제가 본받고 싶은 지혜롭고 따뜻한 어른이셨습니다. 그리고 성서학적으로도 제가 존경하는 구약 학자이셨습니다. 저에게 가능성을 처음으로 제시해 주신 어른, 인생을 어떻게 살아가야 하는지를 가르쳐 주신 분, 그분이 바로 천사무엘 교수님이셨습니다.

교수님, 이제 저는 '봄날'을 살고 있습니다. 학문적으로는 방향성을 알게 되었고, 신앙적으로는 죄책감 없이 건강하게 하나님을 믿는 법을 배웠습니다. 가정적으로는 서로를 아끼는 삶이 무엇인지 깨달았고, 사회적으로는 무엇이 정의인지 질문할 수 있는 사람이 되었습니다. 그리고 옳은 일을 위해 목소리를 낼 수 있는 용기를 갖게 되었습니다.

한 스승으로 인해 한 제자의 삶이 완전히 바뀔 수 있다는 것, 그 사실을 저는 제 삶을 통해 몸소 경험했습니다. 목회 현장이든, 삶의 어떤 자리에서든, 저 또한 누군가의 '어른', 누군가의 '스승'이 되어 언제까지나 교수님의 제자로서 부끄럽지 않게 살아가겠습니다.

저의 부족한 글솜씨와 짧은 경험으로 교수님의 모든 헌신을 다 말할 수는 없지만, 분명 저와 같이 교수님께 은혜 입은 제자들이 무수히 많다는 것만은 확실히 말씀드릴 수 있습니다.

그동안 한남대학교 기독교학과에서 교수로서, 한남대학교회에서 담임목사로서 섬겨 주심을 진심으로 감사드립니다. 그리고… 교수님, 사모님! 은퇴를 축하드립니다! 사랑합니다!

사랑하고 존경하는 천사무엘 교수님께

김영준

구약학 박사과정, 대전화평침례교회 전도사

교수님의 은퇴를 앞두고 이 글을 통해 그동안의 감사한 마음을 조금이나마 전하고자 합니다. 천사무엘 교수님은 저에게 단지 박사과정 동안 잠시 만난 지도교수님이 아니라, 자유로운 학문 세계로 이끌어 주신 안내자셨고, 굴곡 많은 삶의 순간순간마다 큰 버팀목이 되어 주신 분이십니다. 짧은 글로는 다 담을 수 없지만, 그간의 교수님과의 여정을 돌아보며 제 마음에 새겨진 감사를 기록해 보고자 합니다. 이 감사의 글은 단지 저의 개인적인 감정의 표현에 그치는 것이 아니라, 교수님께서 제게 보여주신 삶의 깊이와 정신을 전하고자 하는 소박한 기록이기도 합니다. 은퇴라는 시점을 맞아, 교수님께서 걸어오신 여정과 그 여정 속에서 저에게 남겨주신 소중한 발자취를 되새기며, 그 사랑과 헌신에 조금이나마 보답하고자 하는 마음을 담아 이 글을 씁니다.

제가 교수님을 처음 뵈었던 때는, 인생의 큰 변곡점에 서 있던 시기였습니다. 이전 학교에서 알 수 없는 이유로 박사과정을 거절당한 이후 저는 학업을 이어가기 결코 쉽지 않았고, 새로운 학교에서 학문을 계속할 수 있을지조차 확신이 없었던 때였습니다. 선배이신 송승규 박사님의 소개로 찾아간 교수님의 강의실을 기억합니다. 앞으로의 연구도, 미래의 진로도 불투명했던 그때, "함께 공부해 보자" 하시며 저를 만나주셨던 작은 강의실의 냄새와 풍경을 저는 아직 잊지 못하고 있습니다. 그 일은 저에게 단지 입학을 허락하신 것이 아니라, 계속해서 이 공부를 할 수 있다는 희망이었고, 제 학문 여정의 전환점이자 새로운 출발선이 되었습니다. 그 순간이 저의 인생에 얼마나 큰 위로였는지 다시 생각해 봅니다. 그날의 기억은 시간이 흘러도 희미해지지 않고 제 마음 속에 생생하게 남아있습니다. 교수님께서 담담하지만 진중하게 건네주셨던 격려의 말씀 그리고 좁은 강의실 안을 가득 메우던 분위기는 제 안에 새로운 용기와 희망을 심어주었습니다. 누군가 저를 다시 믿어준다는 감각 그리고 다시 시작할 수 있다는 가능성은 제 인생에서 그 어떤 화려한 성공보다도 값진 선물이었습니다. 그 짧은 만남은 저에게 어두운 터널 끝에 비치는 한 줄기 빛과 같았고, 지금 이 순간까지도 학문을 향한 저의 여정을 지탱해 주는 힘이 되었습니다.

　학기를 시작하며 타 학교 출신, 타 교단 배경이라는 점이 어떤 장벽으로 작용할지 두려움이 컸습니다. 그러나 교수님께서는 출신 배경이나 소속을 이유로 거리감을 두기보다는 열린 마음으로 저를 받아들여 주셨습니다. 그 덕분에 저는 낯선 환경에서도 위축되지 않고 공부를 계속해 갈 수 있는 자신감을 가질 수 있었습니다. 교수님께서 저에게 베풀어 주신 큰 은혜는 학위를 지속할 수 있도록 실제적인 환경을 마련해주신 일이었습니다. 경제적 여건이 여의치않은 상황에서 연구과제를 통해 연구비를 받을 수 있도록 교수님께서 배려해 주셨고, 연구조교의 기회를 주셔서 제가 금전적인 어려움 없이 학업에 몰두할 수 있는 현실적인 도움을 주셨습니다.

그 모든 과정에도 교수님은 성실히 저를 지도해 주셨습니다. 막 코로나 팬데믹이 시작될 시기에서, 당시의 저는 단지 희미한 빛을 따라 걷는 마음으로 공부했지만, 그 가운데 따라갈 만한 길을 비춰 주신 분 역시 천사무엘 교수님이셨습니다. 교수님의 이러한 배려와 지도는 단지 물질적인 지원을 넘어, 한 사람의 학문과 삶의 여정 전체에 영향을 주는 깊은 배려였습니다. 교수님께서 보여주신 포용과 환대는 저로 하여금 낯선 땅에서도 뿌리를 내리고 성장할 수 있는 용기를 주었습니다. 작은 부분 하나하나까지 세심히 챙겨 주시던 말씀과 조언은, 때때로 공부에 지치고 삶에 눌릴 때마다 저를 일으켜 세우는 힘이 되었습니다.

무엇보다 교수님은 저를 믿어 주시고, 학문적으로 부족한 부분이 있을 때마다 세세하게 지도해 주셨습니다. 그 믿음과 꼼꼼한 가르침 덕분에 저는 학업을 이어갈 수 있었고, 차근차근 제 자리를 찾아갈 수 있었습니다. 이전의 학교에서 또 다른 자리에서, 때때로 학문적 태도와 삶의 모습이 일치하지 않는, 학자적 양심과 목회적 현실 사이에서 괴리를 드러내는 학자들을 마주한 적이 많이 있었습니다. 저도 그러한 분위기에 젖어 들어 엄밀한 학문과 신앙은 구별되고 차이가 날 수밖에 없다고 생각하게 되었습니다. 그리고 그러한 분리된 삶의 태도로 저도 살아가야 한다고 믿게 되었습니다. 이러한 경험들은, 겉으로는 드러나지 않았지만, 제 내면에 깊은 혼란을 가져왔고 신앙과 학문이 분리된 삶 속에서 진정성 없는 이중적 태도를 당연하게 받아들이도록 만들었습니다.

그러나 교수님과의 만남은 그러한 위선과 타협을 넘어, 신앙과 학문이 함께 나아갈 수 있다는 가능성을 열어주셨습니다. 교수님께서는 말로만이 아니라 삶과 연구의 자리에서 그 일치를 몸소 실천하셨고, 그 일관된 모습을 통해 저 역시 삶의 두 영역을 하나로 통합해 갈 수 있는 소망을 보게 되었습니다. 교수님의 그러한 일관성과 진실함은 단순한 이론이 아니라, 매 강의, 매 만남, 매 조언 속에 녹아 있었고, 그 속에서 저는 학문과 신앙 모두에 진지하게 임해야 한다는 깊은 가르침을 체득할 수 있었습니다.

교수님의 해석적 관점들은 제 안에 남아있던 근본주의적 해석 습관이나 무비판적 전제를 드러내게 했고, 그것들을 점차 수정하고 교정할 수 있도록 도와주는 통찰의 장이 되었습니다. 성경 본문을 대할 때, 그것이 지닌 역사적 맥락과 문학적 구조와 그를 둘러싼 학문적 쟁점들을 철저하게 진실되게 보고, 거기서 그치는 것이 아니라 실제의 삶과 현재 공동체 속에서 그 공부가 어떻게 적용되어야 하는지 고심해야 한다는 교수님의 방식은 저의 해석 태도 전체를 새롭게 하였습니다. 이 점에서 교수님의 강의는 지적인 자극을 넘어, 신학도로서, 목회자로서의 저의 존재 자체를 다시 세워주는 과정이었습니다.

교수님의 수업은 단순히 정보와 지식을 전달하는 시간이 아니라, 진정한 지성적 탐구의 길로 인도하는 여정이었습니다. 본문을 둘러싼 다양한 관점과 생각을 접하게 하시되, 그것들을 무비판적으로 수용하는 것이 아니라 스스로 판단하고 질문하도록 이끌어 주셨습니다. 그 과정에서 저는, 성경 본문을 단순한 신앙의 보조적 자료로 소비하는 것이 아니라, 그 안에 숨겨진 복합성과 긴장 그리고 삶을 향한 깊은 물음을 경청하는 법을 배웠습니다. 교수님께서 본문을 새롭게 열어 가실 때마다, 저는 새로운 세계를 탐험하는 듯한 경이로움을 느꼈습니다. 그렇게 해서 저의 신학적 사고는 한 차원 더 깊어졌고, 신앙 역시 보다 성숙하고 풍성해졌습니다. 교수님과 함께한 시간은 저를 공부하는 존재이자 그와 함께 신앙하는 존재로서 다시 태어나게 하는 귀한 시간이었습니다.

교수님께 받은 이러한 가르침은 결코 학문적 담론 안에만 머무르지 않았습니다. 저는 그것이 실제 목회의 현장, 특히 설교 강단과 교회의 성경 공부 속에서도 깊은 변화를 일으키고 있다는 것을 몸소 경험하고 있습니다. 과거에는 성경 본문을 설교할 때, 그 본문이 학문적으로 어떻게 다루어지고 있는지를 알고 있음에도 불구하고, 그것을 교인들에게 드러내지 않으려 했습니다. 본문을 둘러싼 과학적 역사적 맥락이나 문학적 구조, 다양한 해석의 가능성을 충분히 이해하고 있었지만, 그러한 복합성과 긴장감을 통해 오늘날 성도들에 필요한 메시지를 전하기보다는 교인들에게 익숙하고 반복적인 방식으로 요약하거나 단순화하는 것에 집중했습니다.

당시의 저에게는 성도들의 신앙을 보호한다는 명분이 있었지만, 사실은 설교자로서의 불안과 부담이 더 큰 이유였음을 고백합니다. 그러나 교수님께서 가르쳐주신 태도는 저로 하여금 설교와 성경 공부의 본질을 다시 성찰하게 했습니다. 본문이 던지는 도전과 질문을 외면하지 않고, 있는 그대로 직면하며 교인들과 함께 나누는 용기 그리고 신앙의 여정을 함께 걸어가는 동반자로서의 자세를 배우게 되었습니다. 이제는 성경 본문의 복합성과 불편함조차 신앙의 성장과 성숙을 위한 소중한 자산임을 알게 되었고, 그 긴장을 회피하기보다는 오히려 공동체 안에서 함께 견디고 탐색하는 자리에 서고자 합니다. 교수님의 가르침은 저의 설교와 교육 사역에 살아있는 원칙이 되었고, 지금도 한 편의 설교, 한 번의 성경 공부를 준비할 때마다 그 정신을 되새기게 합니다.

잊을 수 없는 사건 하나는, 갑작스러운 갑상선 수술을 앞두고 교수님께 전화를 드렸던 날입니다. 급성 갑상선 항진증으로 백혈구 수치가 급격히 떨어져 수술하지 않으면 당장 패혈증으로 죽을 수도 있다는 의사의 말을 들었을 때, 저는 그야말로 충격과 공포에 사로잡혔습니다. 무엇을 어떻게 해야 할지 몰라 머릿속이 하얘졌고, 누구에게 이 일을 털어놓아야 할지 막막하기만 했습니다. 수술이라는 말조차 생소하고 두려웠던 그때, 문득 가장 먼저 떠오른 이름이 교수님이었습니다.

떨리는 손으로 전화를 걸었고, 수화기 너머 교수님의 목소리를 듣는 순간, 참아오던 눈물이 왈칵 쏟아졌습니다. 저는 제대로 말을 잇지 못하고, 숨죽여 흐느끼면서 수술에 대한 두려움과 혼란을 겨우 털어놓았습니다. 교수님께서는 한참 동안 아무 말 없이 제 울음 섞인 이야기를 조용히 들어주셨습니다. 침묵 속에서 전해지는 교수님의 깊은 경청은 그 자체로 커다란 위로였습니다. 그리고 한참이 지난 후, 교수님께서는 부드럽지만 단단한 목소리로 "수술 무사히 잘 받고 괜찮을 것이라"고 말씀해 주셨습니다.

그 말 한마디가 제게는 너무나 큰 위로로 다가왔습니다. 아직 감당하기 힘든 죽음이라는 공포 앞에 주저앉아 있던 저에게, 교수님은 마음을 가다듬고 삶을 붙잡을 수 있는 용기를 건네주셨습니다. 그날 교수님과 나눈 대화는 단지 두려움을 달래는 차원을 넘어, 제가 다시 일어설 수 있도록 손 내밀어 주신 치유의 순간이었습니다. 이후로도 교수님은 제 수술과 회복 과정을 꾸준히 걱정해 주시고, 회복의 길을 걸어가는 저를 따뜻하게 격려해 주셨습니다. 그 관심과 사랑은 단지 한 사람의 건강을 염려하는 것을 넘어, 삶 전체를 생각해 주시는 참된 스승의 사랑이었습니다. 교수님의 존재는 저에게 그 어떤 약보다 강력한 치유의 힘이 되어 주셨습니다. 직접 말씀드리진 못했지만, 고비를 넘어가며 죽음의 문턱을 실제로 느끼는 하루하루 가운데 교수님의 가르침이 얼마나 큰 도움이 되었는지 모릅니다. 제가 교수님과 만나 저의 삶과 신앙을 정면으로 마주하고, 인생의 진리와 지혜를 고민하지 않았다면, 그 시간 엄습해 오던 공포를 이겨내지 못했을 것입니다. 연구를 인도해 주시는 지도교수만 아니라 교수님은 저의 삶의 스승이셨습니다.

수술 이후의 시간은 제게 또 다른 시험의 연속이었습니다. 몸은 쉽게 회복되지 않았고, 일상으로 돌아가기까지는 크고 작은 절망의 순간들을 수없이 마주해야 했습니다. 한 걸음 내딛는 것도 버거웠고, 책을 읽고 글을 쓰는 일조차 몸과 마음이 따라주지 않는 날이 많았습니다. 그때마다 저는 교수님은 먼저 몸을 추스르고 천천히 준비하라고 말씀해 주셨습니다. 교수님께서 주셨던 그 말씀 한마디 한마디는, 마치 생명의 끈처럼 저를 붙들어 주었습니다. 수술대 위에서 느꼈던 생사의 경계 그리고 그 경계 위에서 다시 삶을 택하는 결단은 저를 근본적으로 변화시켰습니다. 이제는 살아있음에 그 자체로 감사가 되었고, 한 문장이라도 쓸 수 있는 오늘이 기적임을 깨닫게 되었습니다. 교수님과 함께한 학문의 길, 신앙의 길은 단순히 지식의 추구를 넘어 살아가는 태도와 삶의 의미를 다시 새기는 길이 되었습니다. 제가 앞으로 누군가를 가르치게 된다면, 그의 삶을 만날 때 반드시 교수님처럼 따뜻한 손길을 내밀 수 있는 사람이 되기를, 제 존재를 통해 그 사랑을 이어가기를 소망합니다. 교수님께서 보여주신 삶의 모범은 제 인생에 가장 큰 유산이 되었고, 앞으로도 영원히 제 안에 숨 쉴 것입니다.

이후 박사논문을 쓰는 과정은 말 그대로 고된 여정입니다. 수많은 원전과 주석서를 읽으며 문장을 쌓아가는 일은 체력과 인내를 요구하는 지난한 일이었고, 때로는 방향을 잃고 무기력에 빠지기도 했습니다. 논지의 흐름을 놓치고, 자료의 무게에 눌려 주저앉고 싶었던 날들이 수도 없이 많았습니다. 그러나 그럴 때마다 교수님은 면밀하게 제 논문을 검토해 주시고, 무엇보다 진지한 모습으로 학문에 대한 태도와 책임감을 강조해 주셨습니다. 교수님께서는 항상 피상적인 요약이나 형식적 답변을 용납하지 않으셨습니다. 논문 지도 시간은 언제나 긴장이 되면서도 기다려지는 시간이었습니다.

교수님과의 논의는 단순한 피드백이 아니었습니다. 그것은 언제나 저를 더 깊은 성찰로 이끄는 과정이었고, 저의 사고를 단련시키는 시간이었습니다. 단어와 문장 하나하나를 짚어주시는 교수님의 피드백은 때로는 날카로웠고, 때로는 애정이 가득 담긴 따뜻한 훈계였습니다. 교수님께서 보여주신 학자의 삶은 단순히 연구 결과물에 만족하는 것이 아니라, 연구의 과정을 정직하게 살아내는 것이 무엇인지를 몸소 증명해 보이시는 것이었습니다. 그 가르침은 지금도 제 연구와 글쓰기를 지탱하는 기준이 되고 있으며, 앞으로도 변함없이 저의 학문 여정에 깊은 영향을 미칠 것입니다.

박사학위 논문을 집필하는 과정은 저에게 있어 단순한 글쓰기의 시간이 아니었습니다. 그것은 제 한계와 맞닥뜨리고, 저 자신의 어두운 그림자와 대면하며, 때로는 스스로를 무너뜨리고 다시 세워나가는 치열한 과정이었습니다. 처음 초고를 완성했을 때의 막막함은 이루 말할 수 없었습니다. 기대했던 성취감 대신, 허탈감과 두려움이 몰려왔고, 문장을 읽을 때마다 부족함이 적나라하게 드러나는 것 같아 몸을 숨기고 싶을 정도였습니다. 수없이 쌓아 올린 문장들을 스스로 무너뜨려야 했던 날들도 많았습니다. 무엇보다 스스로의 부족함 앞에서 무기력해지고, 자신감이 바닥을 치는 순간들은 견디기 힘든 고통이었습니다. 그러나 그런 순간마다 교수님은 묵묵히 제 원고를 읽어주시고, 변함없는 정성으로 피드백을 주셨습니다.

피드백은 결코 말씀뿐인 지적에 그치지 않았습니다. 교수님께서는 한 문장, 한 표현, 심지어는 문단의 미세한 흐름까지 세밀하게 짚어주시며, "왜 이 표현을 선택했는가?", "이 논리 전개가 설득력 있는가?"라는 질문을 던지셨습니다. 때로는 아프게 느껴질 정도로 날카로운 지적이었지만, 그 속에는 저를 향한 진심 어린 애정과 기대가 담겨 있음을 매번 느낄 수 있었습니다. 교수님의 그러한 가르침은 단순히 글을 고치는 데 그치지 않고, 제 사고의 깊이를 확장시키고, 연구자로서의 책임감을 각성시키는 과정이었습니다. 교수님께서는 늘 그 길을 인내심 있게 기다려주셨고, 때로는 뒤에서, 때로는 바로 옆에서 묵묵히 동행해 주셨습니다. 그 은혜가 없었다면 저는 이 길을 지금까지 걸어올 수 없었을 것입니다.

아직 저는 눈에 띄는 학문적 성과를 내지 못한 채, 여전히 더듬거리며 글을 써 내려가고 있습니다. 이따금 제 원고를 보며 "이 정도 수준으로 이 논문을 완성할 수 있을까?” 하는 자책과 두려움이 엄습해 올 때도 많습니다. 부족함을 절감하는 날들이 계속되어도, 교수님께서는 단 한 번도 저를 포기하지 않으셨습니다. 때때로 제 원고의 조급함이나 논리적 미숙함, 혹은 뚜렷한 근거 없이 전개되는 논지를 지적하시면서도, 교수님은 한 번도 절망이나 포기를 강요하지 않으셨습니다. 오히려 제가 이 길을 끝까지 걸어갈 수 있도록 엄정함과 따뜻함을 함께 품어 주셨습니다.

어리숙하고 부족한 제자가 이토록 오랜 시간 동안 논문을 완성하지 못하는 상황에서도, 교수님은 한결같이 저를 독립된 학문적 주체로 존중해주셨습니다. 결코 저를 가볍게 여기지 않으셨고, 매 순간 저의 가능성을 다시 한번 믿어 주셨습니다. 그 믿음은 제게 언제나 고개를 숙이게 합니다. 저는 아직도 걸음이 느리고, 사고가 서툴고, 글쓰기가 어렵지만, 교수님께서 보여주신 존중과 신뢰 덕분에 한 발짝씩 앞으로 나아가고 있습니다. 스승과 제자라는 이름, 그 소중한 인연은 이제 저에게 영원히 지고 가야 할 빛나는 부채가 되었습니다. 저는 교수님께 받은 이 사랑과 신뢰를 결코 가볍게 여기지 않을 것입니다. 이 은혜를 갚는 길은 제가 어서 논문을 마치고, 부끄럽지 않은 연구자이자 목회자가 되어, 정직하게 학문과 신앙의 삶을 살아내는 것임을 알고 있습니다.

이처럼 교수님은 학자로서의 진지함과 목회자로서의 따뜻함을 동시에 지닌 분이셨습니다. 학문과 목회, 이 두 길이 서로 모순되지 않고, 오히려 하나의 인격 안에서 조화롭게 어우러지는 모습을 교수님을 통해 보았습니다. 저는 그 점에서 가장 크게 감동하였습니다. 학문을 대하실 때 교수님은 언제나 엄격하셨지만, 동시에 그 학문이 삶과 공동체를 향해 나아가야 한다는 확고한 신념을 갖고 계셨습니다. 신학자가 단지 이론에 머무르지 않고, 교회를 사랑하고 목회를 존중하는 삶을 살아가야 한다는 것을 몸소 보여주신 분이셨습니다.

교수님의 그러한 모습은 오늘날의 신학자들과 목회자들이 본받아야 할 가장 귀한 유산이라 생각합니다. 많은 이들이 학문을 통해 권위나 지위를 얻으려는 시대에, 교수님은 학문을 섬김의 도구로 삼으셨고, 그 안에서 진정한 겸손과 사랑을 보여주셨습니다. 교수님과 함께한 시간은 저에게, 학문이란 결국 삶을 위한 것이며, 신학이란 인간의 고통과 희망을 향해 끊임없이 손을 내미는 것임을 가르쳐주었습니다. 저는 교수님을 통해 학문이 인간성과 분리될 수 없으며, 진정한 연구는 인간을 사랑하는 마음 위에 세워져야 한다는 것을 깨달았습니다. 그 깨달음은 앞으로 제가 살아갈 모든 길 위에 등불이 되어 줄 것입니다.

교수님, 은퇴는 단지 한 시대의 끝이 아니라, 새로운 시작임을 저는 믿습니다. 교수님께서 세우신 수많은 제자들이 지금도 각자의 자리에서 빛을 발하고 있는 것처럼, 교수님이 보여주신 삶의 영향력은 앞으로도 끊임없이 퍼져나갈 것임을 믿습니다. 그동안 교수님께서 이루신 학문적 업적은 물론, 한 사람 한 사람을 존중하고 배려하셨던 인격의 향기는, 더 깊은 울림으로 저희 마음속에 살아남아 있습니다.

저는 교수님의 제자라는 것이 인생의 큰 자랑입니다. 그 배움과 감사를 늘 마음에 새기며, 앞으로 저도 누군가에게 그러한 스승이 될 수 있기를 간절히 소망합니다. 교수님께서 제게 가르쳐주신 삶의 자세, 학문의 정신, 인간에 대한 깊은 사랑을 저 또한 다음 세대에게 전할 수 있기를 꿈꿉니다.

교수님, 부디 은퇴 이후의 시간 속에서도 더욱 평안하시고, 기쁨이 가득한 나날을 보내시기를 기도합니다. 앞으로의 여정이 또 다른 의미와 열매로 가득 채워지기를, 그 길에서도 여전히 많은 이들에게 지혜와 용기를 전해주시기를 간절히 바랍니다. 교수님께서 걸어가신 길은 결코 헛되지 않았으며, 수많은 사람들의 삶 속에서 여전히 살아 숨 쉬고 있습니다. 저 역시 그 가르침을 품고, 끝까지 진실하게 살아가겠습니다. 교수님께 받은 이 은혜를 결코 잊지 않고, 평생 가슴 깊이 새기며 살아가겠습니다.

2025년 봄
부족한 제자 김영준 올림

초인(Übermensch)
: 지성, 신앙, 인격의 일치를 이루는 사람

박 지 훈

08학번, 구약학 박사과정, 한남대학교회 부목사

30년 이상 교직에 몸담으셨던 천사무엘 교수님(이하 교수님)의 은퇴를 기념하며, 그분의 삶과 가르침을 떠올려본다. 오랜 세월 한자리를 지켜 오신 교수님을 떠올리며 글을 적는 일은, 단순히 과거의 일들을 정리하는 데 그치지 않는다. 왜냐하면 교수님은 내 삶에 영향력 있는 본받을 만한 어른이자 따뜻한 분이셨기 때문이다.

나의 제한된 경험과 부족한 글솜씨로 교수님의 삶과 진심을 다 담아낼 수는 없겠지만, 극히 일부일지라도 교수님께서 보여주신 삶의 자취를 되짚어보고자 한다. 그리고 나의 마음속 깊이 스며있는 교수님을 기억하며 존경과 감사의 마음을 담아 글을 써 보았다.

참 학자

교수님은 평생을 구약학 연구에 헌신하셨다. 구약학 중에서도 신·구약 중간기 문헌 연구, 지혜문학과 시편, 오경, 예언서와 묵시문학, 해석학 등을 공부하셨는데, 교수님의 관심 분야는 구약학뿐만 아니라 신약학, 종교학, 성경과 과학의 관계, 한국의 선교 역사 및 성서 해석, 근본주의 비판 등으로 매우 광범위했다. 교수님과 학문에 대한 대화를 나눌 때면, 바다 같은 지식의 방대함에 감탄하곤 했다. 교수님은 유학 시절이나 처음 교수가 되셨던 시기에 멈춰 있으신 분이 아니라, 끊임없는 시대적 도전과 과제 앞에 변화하기를 주저하지 않는 분이셨다. "새 포도주는 새 부대에 담겨야 한다"(마 9:17)는 말씀처럼 교수님은 성경이 늘 새로운 방법과 관점을 통해 다양한 해석이 가능하다는 것을 일깨워 주셨다. 그럴 때면 성경 본문이 고대에 머무는 죽은 텍스트가 아니라, "지금, 여기"에 살아 숨 쉬는 텍스트로 다가옴을 느낄 수 있었다.

다음으로 내가 교수님을 학자 중 학자라고 생각하는 이유는, 공부한 내용의 방대함 못지않게 학문을 대하는 자세에서 발견할 수 있었다. 여기에는 나의 몇 가지 경험이 있다. 첫 번째는 기독교학과 학부 출신이라면 누구나 알만한 내용인데, 바로 "도서관에 가서 하나님을 만나라"는 말씀이다. 교수님은 개강예배 때마다 동일한 이 말씀을 해주셨다. 직접 경험하고 몸소 실천한 것을 제안하신 것이기 때문에 교수님의 말씀에는 힘이 있었다. 늘 이 말씀을 하셨던 이유는 (내가 느끼기에) 반지성주의적 신앙생활에 대한 문제 인식과 동시에 학생들에게 더 나은 삶을 꿈꾸고 도전할 수 있는 희망과 용기를 주기 위함이셨던 것 같다.

두 번째는, 대학원 코스웍 마지막 학기 수업 중, 발제를 마친 나는 교수님께 궁금한 부분에 대해 질문을 드렸는데, "그 부분은 잘 모른다"라는 답변을 받았을 때이다. 교수님께서는 학생들 앞에서 모르는 것을 안다고 하지 않으셨다. 많은 학자 및 목회자들이 답을 해야 한다는 강박에 사로잡혀 자신이 제대로 알지 못하는 질문에도 어설픈 답을 내놓는 경우가 많다. 그러나 모른다고 말씀하시는 교수님의 솔직한 모습에서 학문을 대하는 학자의 정직성과 겸손을 배울 수 있었고, 나의 모습도 돌아볼 수 있었다. 마지막으로 논문 지도를 받던 중, "자신이 쓴 논문의 모든 글에 대해 디펜스할 준비가 되어 있어야 하며, 책임질 수 있는 글만 써야 한다"라는 말씀을 하셨을 때이다. 은퇴가 얼마 남지 않은 시점이었음에도 불구하고, 논문 지도에 있어서 교수님은 쉬운 길을 선택하지 않으셨다. 제자들의 학위 취득만이 아닌, 학위에 걸맞은 배움의 과정을 엄격하게 요구하셨다. 이를 통해 나는 교수님께서 어떤 학문의 여정을 걸어오셨는지 간접적으로나마 알 수 있었고, 학문을 향한 진지함과 책임 있는 학자의 진면모를 볼 수 있었다.

참 스승

스승은 자신의 가르침을 따르려는 '제자'가 있을 때 비로소 스승이 된다. 그러나 오늘날 얼마나 많은 '스승-제자'의 피상적 관계가 있는지 모른다. 또한 풍부한 학식은 갖추었음에도 제자와 건강한 인격적 관계를 맺지 못하는 이들도 많이 있다. "선생 되려는 자가 많아서는 안 된다"(약 3:1)는 야고보서 저자의 지적처럼, 훌륭한 학자가 훌륭한 스승의

<교수님과 구약학 제자들, 지리산 중턱 카페에서> 2023. 5.

충분조건이 되지는 않는 것 같다.

그러나 교수님은 제자들을 먼저 생각하는 '참 스승'이셨다. 제자에게 교육의 내용 전달만이 아니라, 제자의 처지와 상황에 맞는 현실적인 고민과 조언을 아끼지 않는 분이셨다. 늘 제자들의 발전 가능성과 잠재력에 집중하셨고, 더 나은 삶을 살 수 있도록 도전하는 분이셨다. 강의실에서만 교수님을 만난 학생들은 학문적이고 진지한 모습을 많이 접했겠지만, 개인적으로 교수님과 만나 본 사람이라면 그분의 따뜻한 인격을 느꼈을 것이다.

군 전역 후 동기와 함께 교수님께서 설교 목사로 계시는 교회의 교육 전도사로 사역을 하였다. 주중에는 학교 수업에 가야 했기 때문에 수요일 저녁과 주말의 정해진 시간에만 교회에 나갔다. 처음 사역을 해서 서툰 부분이 많았지만 1년간 최선을 다해 사역에 임했다. 그 후 나와 동기는 개인적인 사정으로 사임을 결정했다. 소식을 접한 사역자 및 교인 몇 분은 교회를 위해 좀 더 사역하면 좋겠다고 나와 동기를 설득하였다. 하지만 교수님의 반응은 달랐다. 주일 아침 나와 동기를 목양실로 부르시고는 우선 우리의 상황과 입장이 어떤지 물어보셨고, 우리의 이야기를 귀담아들어 주셨다. 그 후 우리의 선택을 존중해주시면서, 사임 후 생활비 마련은 가능한지 물어보셨다. 교수님은 교회의 조직과 운영을 위한 것보다 제자인 우리의 앞날을 먼저 생각해 주셨다. 사임을 앞둔 어느 주일 아침, 우리는 제자를 향한 교수님의 따뜻한 배려를 느낄 수 있었다.

시간이 흘러 학부 졸업 후 나는 장신대 신대원에 진학하게 되었고, 3년의 과정을 마칠 즈음 교수님께 메일을 보냈다. 안부를 여쭈면서 풀리지 않던 나의 학문적 궁금증을 함께 담아 보냈다. 교수님께서는 메일을 읽으신 후 친절히 답을 해주셨다. 그러고는 밥 먹으러 대전에 한번 내려오라고 말씀하셨다. 이후 나는 교수님을 뵙기로 한 날 대전에 내려와서 교수님과 즐겁고 의미 있는 시간을 보냈다. 교수님의 차를 타고 이동 중에 나눈 대화, 만두전골 식당과 이후 카페에서 나눈 대화 중 어느 하나 빠질 것 없이, 모든 내용이 귀하고 유익했다. 짧지 않은 시간이었음에도 제자의 궁금증과 이야기에 경청해 주신 교수님께 감사한 마음을 가질 수 있었다.

생각해 보면, 함께한 식사 자리에서 제자들을 향한 교수님의 마음을 더욱 깊이 느꼈던 것 같다. 기억에 남는 식사는 지혜문학 세미나로 장신대에 방문하셔서 제자들과 함께한 식사, 박사과정을 위해 대전에 내려와서 아내와 함께 교수님과 사모님 모시고 한 식사, 산청 지리산 숙소에 대학원생들 초대해 주셔서 함께 한 식사 등이다. 교수님과 함께 한 식사 자리에서 공통적으로 느낄 수 있었던 점은 제자들을 향한 교수님의 깊은 관심과 따뜻한 사랑이다. 존경할 만한 스승을 찾기 어려운 시기에, 교수님은 제자들의 삶을 위해 들으시고, 공감하시고, 함께 고민하셨던 참 스승의 모습을 보여주셨다.

참 목회자

교수님께는 학자와 스승 못지않은 뚜렷한 목회자의 면모가 있으셨다. 많은 사람들이 가지고 있는 왜곡된 인식 중, 신학과 신앙에 관한 이분법적 사고가 있다. 그렇기 때문에 신학적 지식이 목회 현장에서는 통하지 않는다거나, 심지어는 신학무용론을 주장하는 목회자들도 있다. 반대로 목회 현장에 대한 이해가 부족하거나 평신도들의 신앙 특성을 알지 못한 채 탁상공론만 하는 신학자도 있다. 신학과 신앙의 불일치를 경험할 때 혹자는 "신학 따로, 신앙 따로" 생각해야 한다거나, "신학은 진보, 신앙은 보수"를 언급하며 나름대로의 답을 찾는다. 그러나 이러한 모습은 계속해서 신학과 신앙, 학자와 목회자, 신학교와 교회의 관계에 악순환적 이분화를 지속시킨다.

교수님은 이러한 문제를 아시고, 신학적 지식과 새로운 성서 해석이 녹아져 있는 설교를 교회의 강단 위에서 선포하셨다. 대학교회 예배, 교직원 예배, 사랑과비전교회 예배 등 설교 강단에서 교수님은 진심을 다해 말씀을 전하셨다. 설교 내용 중 평신도들에게는 생소하거나 조심스러운 내용도 있었지만, 교수님의 의도는 단순히 신학적 지식을 소개하거나 자랑하기 위함이 아니었다. 마치 구약의 예언자들이 기득권 및 반대자들의 위협 앞에서도 하나님의 공의와 정의를 위해 담대히 예언을 선포한 모습 같았다. 교수님의 설교는 근본주의 기독교의 문제와 성도들을 옭아매고 있는 문자주의 성서 해석으로부터 자유롭게 하기 위한 선포였다. 또한, 과거의 모습과 잘못으로부터 벗어나서 하나님께서 주시는 새로운 마음과 새로운 생각을 가지고 살아가라는 희망이 담긴 미래지향적 설교를 하셨다. 때로 교수님은 구약학 제자들에게 "성서 주석의 목적은 설교"라고 강조하시며, 설교자로서의 근엄한 태도를 보여주셨다. 탁월한 성서 해석이 현실과 청중에 대한 적합한 이해와 만날 때, 비로소 삶의 변화를 가져오는 하나님의 말씀이 된다는 것을 교수님의 설교를 통해 깊이 느낄 수 있었다.

다음으로 사람을 대하는 교수님의 모습 속에서, 참된 목회자의 모습을 느낄 수 있었다. 교수님은 교목 활동을 하시면서 여러 차례 대학교회 담임 목회를 하셨다. 담임 목회를 하실 때 교수님은 대학교회가 캠퍼스의 대학생들을 섬기며, 학생 한 명이 그리스도의 제자가 되는 일에 마음과 정성을 다해야 한다는 뚜렷한 목회 철학을 가지고 계셨다. 교수님의 제안과 교우들의 마음이 모아져 20여 년 전부터 대학교회는 대학생들의 생활공간을 위한 학관을 운영하고 있다. 학관 운영 덕분에 주거비 마련의 부담이 있는 학생들이 교회의 지원을 받아 생활하며, 신앙 훈련도 받고 있다. 나 역시 학관에서 지낸 소중하고 감사한 경험을 갖고 있다. 또한, 교수님은 해외선교 활동과 단기선교사 파송 등의 선교 및 교육활동을 통해 학생들의 신앙 성장에 많은 관심과 지원을 쏟으셨다. 이외에도 교인과 사역자 중 가난과 곤경에 처한 자들을 외면하지 않으시고, 교회에서 소외되기 쉬운 학생과 청년들의 목소리에도 늘 귀를 기울이시며, 때론 그들의 편이 되어 주기도 하셨다. 힘없고 연약한 자, 자신에게 아무런 이익도 가져다주지 않는 자, 보잘 것 없다고 여겨지는 자를 어떻게 대하는지를 보면 그 사람의 인격이 어떠한지 알 수 있다. 훌륭한 인격으로 사람을 대하는 교수님의 모습 속에서 예수의 길을 좇는 참 목회자의 삶을 확인할 수 있었다.

교수님은 진리를 추구한 참 학자이셨고, 제자들의 삶을 이해하고 희망과 용기를 주신 참 스승이셨으며, 어려운 처지에 있는 사람을 긍휼히 여긴 참 목회자이셨다.

교수님에 대한 글을 정리하면서 문득 니체의 대표작 『차라투스트라는 이렇게 말했다』에 등장하는 '초인'(Übermensch)의 개념이 떠올랐다. 초인은 기존의 도덕적 체계와 종교적 규범이 무너진 이후, 스스로 새로운 가치를 창조하며 살아가는 존재로서, 단순히 강인한 자가 아니라 "어떻게 살아야 할 것인가"에 대한 깊은 자기 성찰과 창조적 결단을 실천하는 존재이다.

물론 니체의 초인 개념은 그 자체로 철학적인 성격을 갖지만, 나는 교수님의 삶 속에서 초인의 본질—자기 내면의 원칙에 따라 일관되게 살아가며, 기존의 틀에 갇히지 않고 시대적 도전을 받아들이며 창조적으로 응답하는 삶—을 보았다. 교수님은 외부의 가치와 관습에 휘둘리지 않고, 지성의 소명을 따르며, 성서와 현실 사이의 간극을 좁히고자 진지하게 고민하며 살아오셨다.

지성, 신앙, 인격의 조화를 이루려는 일관된 태도는 단순한 이상이 아니라, 교수님 삶의 실제였다. 바로 그런 삶을 '초인적인 삶'이라 부를 수 있을 것이다. 이제 은퇴의 길목에서, 교수님의 깊은 발자취 앞에 존경과 감사를 표하며, 은퇴 후에도 주님의 밝은 빛이 교수님의 삶에 가득히 비춰지길 기도한다. 그리고 부족하지만 목회자로, 구약학도로 교수님의 삶과 가르침을 따르고 이어가기 위해 애쓰는 제자가 있다는 사실을 꼭 전해드리고 싶다.

천사무엘 교수님의 명예로운 은퇴를 진심으로 축하드립니다. 감사합니다!

<학부 졸업식 날 교수님과 함께> 2014. 2.

교수님을 기억하며…

서 한 수

박사과정 수료, 슈브엘교회 담임목사

이번 2025년 1학기를 마지막으로 본교 한남대학교 구약학 교수님으로 봉직하다가 정년 은퇴하시는 천사무엘 교수님에게 먼저 존경과 사랑, 감사를 드립니다. 세월이 흐르는 강물처럼 화살같이 빠르게 지나간다는 말이 정말 실감 나게 느껴집니다.

천사무엘 교수님과 저와의 첫 만남은 벌써 10년이 지난 2015년 목련꽃이 흐드러지게 피던 어느 봄날이었습니다. 늦은 나이에 신학 공부를 해서 십수 년이 되었지만, 너무나도 부족한 나 자신을 발견하고 신구약 중간사를 더 공부하기 위하여 새롭게 시작했습니다. 그동안 신학 공부를 하면서 신구약 중간사에 관심이 많던 중에 천사무엘 교수님께서 중간사에 권위자라는 사실을 일게 되었고, 이제 교수님께 더 가르침을 받고자 박사과정에 입학하게 되었습니다.

첫 수업 시간에 강의실로 들어서시는 교수님을 뵈었는데 청아한 선비 같은 말끔하신 모습에 매료되었고, 거침없이 강의하시는 말씀에 또 한 번 놀랐습니다. 그동안 저는 성경 말씀에 대하여 목마른 사슴처럼 진리에 갈급하였습니다. 아니 지금까지 배웠던 것들로부터 고정관념에 사로잡혀 한 발자국도 더 진전이 없어서 목말라하고 있었습니다. 성경 말씀에 대한 고정관념이 나를 사로잡아서 그동안 배웠던 것들 이외에 아무것도 받아들이지 못하고 벽에 가로막혀 있었습니다. 그런데 첫 시간 교수님의 수업을 들으면서 적잖이 놀라기도 하면서, 한편으로는 그동안 벽에 가로막혀 있던 고정관념들이 와르르 무너져 내리기 시작했습니다. 교수님의 한 말씀 한 말씀이 그동안 고정되어 있었던 생각의 틀을 깨기 시작했고, 새로운 진리를 발견하는 눈을 뜰 수 있었습니다. 사실 교수님의 가르침은 어디서도 들을 수 없었던 파격적인 말씀들이었고, 그동안 진리라고 생각해 왔던 것들을 무너트리기에 충분했습니다. 가끔은 교수님의 말씀이 이해되지도 않았고 설득되지도 않았지만, 시간이 흐를수록 이해의 폭이 넓어져 갔습니다. 그러면서 서서히 성경을 보는 관점의 폭이 넓어져 갔고, 그동안 느끼지 못했던 말씀들이 새롭게 다가오기 시작했습니다. 교수님께서 가르치는 말씀들은 너무나도 스펙트럼이 크고 넓어서 처음에는 받아들이기 어려웠지만, 나중에는 저절로 고개를 끄덕이게 되었습니다.

교수님의 가르침을 통해서 그동안 고정관념에 사로잡혀서 한 발자국도 나아가지 못했던 저에게 큰 빛으로 다가왔고, 드디어 고정관념의 벽을 허물게 되었습니다. 이렇게 고정관념의 벽이 허물어지니까 성경 말씀들이 새롭게 다가왔고, 성경 말씀 안에 숨겨져 있던 진리들을 깨달을 수 있게 되었습니다. 목회자가 고정관념에 사로잡혀 있을 때 진리에

목이 말라 죽어가는 성도들을 살릴 수 없다는 것을 진심으로 깨닫게 되었고, 이 고정관념의 벽을 깨뜨려야 새로운 진리를 발견해서 죽어가는 성도들을 다시 살릴 수 있다는 것을 교수님을 통해서 배우게 되었습니다. 그동안 고정관념의 벽에 갇혀서 그저 고인 물만을 먹일 수밖에 없었던 저에게 새로운 진리의 말씀을 깨닫도록 그 길을 열어주신 분이 바로 교수님이셨습니다. 교수님께 진심으로 감사드립니다.

언젠가 사모님께서 갑자기 쓰러지셔서 병원에 입원하셨을 때 사모님에 대한 교수님의 희생적인 헌신을 보았습니다. 학교 일과 교회 일로 많이 바쁘셨음에도 불구하고 병상에 계신 사모님 곁을 지키시며 간호하시는 모습에 또 한 번 감동을 받았습니다. 교수님을 통하여 참사랑이 어떤 것인지 눈에 담을 수 있었을 뿐만 아니라, 그동안 제자들을 아끼시고 사랑하시는 모습을 곁에서 보면서 진리를 깨달은 자가 어떤 모습으로 세상을 살아가야 하는지도 가르쳐 주셨습니다.

이제 교수님께서 정년 퇴임을 하신다는 소식을 들었습니다. 그동안 후학들을 가르치시느라 수고하시고 애쓰신 교수님께 진심으로 감사와 존경을 드립니다. 이제 정년 퇴임을 하시지만, 모교를 사랑하시는 그 마음을 변치 않으시리라 믿습니다. 또한 제자들을 아끼시고 사랑하시는 그 마음도 변치 않으리라 믿습니다. 퇴임 이후에도 건강하시고 아무런 어려움 없이 가족과 남은 생애를 보내시기를 기도합니다. 또한 제자들에게 교수님의 학식과 경험을 나누어 주시어서 제자들에게 다시 한 번 고정관념을 깨트리고 다시 일어날 수 있도록 다독여 주시기를 바랍니다.

천사무엘 교수님! 그동안 정말 감사드리고 진심으로 고맙습니다.

남은 생에도 하나님께서 늘 동행하여 주시고 책임져 주시며 가족들
모두와 늘 함께해 주시기를 두 손 모아 기도합니다.

교수님의 제자 서한수 목사 올림

천천히, 자세히

송승규

구약학 박사, 대전새성결교회 담임목사

오랜 세월 동안 목회를 하면서 많은 고민들이 있었지만, 가장 큰 고민은 내가 성경 공부를 인도하고 설교를 하지만, 나와 함께 나누었던 내용들이 삶의 현장에서 왜 실천되지 않는가였다. 이런 고민은 내가 공부를 더 해야겠다는 의지를 갖게 했고, 마흔이 넘어서야 대학원 공부를 시작하게 되었다. 평소에 좋아하던 구약학으로 석사(Th.M.) 공부를 시작하면서 성서 연구에 대한 새로운 세계를 경험하게 되었고, 구약학 공부에 점점 깊이 들어가게 되었다.

성서 연구에 대한 새로운 눈을 뜨게 된 것은 어떻게 보면 본질에 더 가까이 다가간다는 의미인데, 본질에 가까이 갈수록 성서에 대한 일반적인 생각이나 신학과는 더 멀어지는 결과를 가져오게 되었다. 다시 말하면, 내가 연구하고 그 결과로 얻은 신학적 산물을 현재의 교회에서 가르치거나 나눌 수 없었다는 것이다. 그것은 한국교회의 근본주의적 뿌리가 너무나도 깊어서 전통적인 해석이 아니면 교회가 위험해

진다거나, 이단성이 있다는 이유로 무조건 거부하기 때문이었다. 이에 나의 고민은 더 깊어져 갔다. 과연 이 둘 사이의 괴리를 어떻게 메워야 하는가?

그러던 시기에 구약학 박사과정(Ph. D.)에서 천사무엘 교수님을 만나게 되었다. 이 책에도 글을 실은 허윤기 박사가 침례신학대학교 후배인데, 석사 공부를 하면서 학교에서 다시 만나게 되었다. 허윤기 박사의 추천으로 한남대학교에서 박사과정을 계속하기로 하면서 구약학 교수님이신 천사무엘 교수님과 드디어 공부를 시작하게 되었다.

천 교수님과의 수업은 매시간 흥미진진한 시간들이었다. 수업은 강의실에서 시작해서 강의실에서 끝났지만, 그 내용은 강의실을 벗어나서 계속 이어질 수 있는 것들이었다. 그리고 교수님과 이제까지 이어져 온 나의 고민에 대해서 허심탄회한 대화를 가질 수 있었다. 교수님께서는 설교 목사로 사역하시는 사랑과 비전교회의 예를 들어주시면서 한 번에 해결할 수 없으니 천천히 그리고 설교를 할 때나 대화를 할 때나 그리고 신학적 토론을 할 때도, 지금 가지고 있는 신학적 기준을 항상 기본적으로 가지고 대해야 한다. 그렇게 시간이 흘러가면 어느새인가 같은 생각을 할 수 있을 것이라고 조언해 주셨다. 빠른 시간 안에 모든 사람들을 나와 같은 생각을 할 수 있게 만들고자 고민했던 부분에 정확한 해결책을 갖게 되었다. 그리고 이러한 교수님의 조언을 교회를 개척하면서 실천하였다. 2021년부터 4년 넘게 꾸준하게 성도들과 대화한 결과로 지금은 교회가 거의 같은 생각을 하면서 성경을 보게 되었고, 대화할 수 있게 되었다. 불가능할 것처럼 보였던 일들이 가능하게 되었고, 하나의 교회가 전통이나 신념에서 벗어나, 원래 성서의 저자들이 전하고자 했던 메시지를 찾아서 참된 하나님을 발견할 수 있는 과정에 서게 된 것이다.

많은 학자가 자신의 신학을 고수하면서 반대하는 사람들을 설득하기보다 무시하고 폄하하는 실수를 많이 범하는 것이 사실이다. 그러나 교수님은 나에게 주셨던 조언처럼 천천히 설득하시고, 오래 걸리더라도 참으시면서 기다리신다. 박사과정의 코스(Coursework)는 끝났지만, 교수님의 수업은 거르지 않고 계속 참석하였고, 박사 논문이 통과되어 학위를 취득한 후에도 내가 하는 수업과 시간이 겹치지 않은 이상은 계속해서 교수님의 수업에 참여하였다. 그런 중에 부산에서 오는 목사들이 있었는데, 근본주의 벗어나지 못하는 것처럼 보였다. 그들의 질문을 들어보면 대번에 알아차릴 수 있다. 답을 들으려는 질문이 아니라, 곤란하게 할 목적의 질문들 그리고 자신의 생각이 옳음을 인정받고자하는 질문들이 쏟아졌다. 그러한 과정에서 교수님은 큰 학자로서의 모습을 보여주셨다. 그들의 의도가 뻔함에도 불구하고 하나하나 자세히 설명해 주셨다. 그 답변에 꼬투리를 물고 다시 질문을 하면, 또다시 자세히 설명해 주셨다. 그러한 상황을 보고 있는 우리 대학원 학우들은 속이 터지는 것 같았지만, 교수님은 평정심을 잃지 않으시고, 어린아이에게 밥을 먹이시듯 대화하셨다. 그들은 곧 대학원 과정을 드롭(Drop)하고 말았다. 이러한 교수님의 반응을 통해서 공부를 하고 신학을 정립하고 성서 해석의 새로운 방향을 정립하는 것보다 더 중요한 것이 무엇인지를 깨닫게 되었다. 석사 공부를 하면서 성서 연구의 학문적 토대를 마련했다고 한다면, 그 학문이 어떻게 삶에서 실천되어야 하는 지를 천사무엘 교수님을 통해서 경험하게 된 것이다.

위에서 언급했지만, 교수님의 수업은 거의 빠지지 않고 10년 정도 듣다 보니 교수님의 생각과 신학의 변화도 느낄 수 있었다. 무엇보다 교수님은 계속해서 진보시키려는 시도를 하셨다. 신학이라고 해서 성서 안에서의 연구로 그치는 것이 아니라, 문학이나 특히 과학과 신학의 연계를 통한 발전을 많이 추구하셨다. 제자들이 그러한 진보적인 과정을 잘 따라갔어야 되었는데, 능력과 실력이 부족하여 교수님의 연구 의지를 다 담지를 못한 것이 아쉽다.

이제 교수님께서는 재직 교수로서의 시간을 마무리하신다. 이 시점에서 군대 시절이 떠오른다. 나는 포병 출신인데, 나와 1년 차이가 나는 선임이 화포에 관한 지식이 매우 탁월하였다. 그 선임이 전역하기 하루 전날 밤, 그 선임이 가지고 있었던 화포에 관한 지식과 기술들을 다 배우지 못하고 보내게 되어 매우 아쉽고 유감이라고 그 선임에게 이야기했던 기억이 난다. 교수님께서 재직 교수로서 퇴임하시는 시점에 또다시 매우 아쉽고 아까운 생각이 가득하다. 아직 더 배울 것이 많은데, 더 이상 기회가 없다고 생각하니 너무나 아쉬운 마음이다. 하지만 교수님의 또 다른 계획 가운데서 또 다른 사람들이 교수님의 영향을 받아 인생의 가치관이 변화될 것을 기대한다.

인자(人子)가 무엇이기에

윤희선

17학번, 구약학 석사과정

"사람이 무엇이기에 주께서 그를 생각하시며

인자가 무엇이기에 주께서 그를 돌보시나이까"(시 8:4).

시편 8편 4절의 '사람'과 '인자'는 히브리어에서 인간의 연약함을 나타내는 단어들로 표현됩니다. 인간의 보잘 것 없음에도 그들을 생각하고 돌보시는 하나님의 은혜에 감탄합니다. 이 구절은 히브리서에서 예수님을 표현할 때도 인용됩니다. 인자로써 가장 낮은 곳에서 이웃을 생각하고 돌보시며 사랑했던 예수님의 삶을 생각하게 됩니다.

제가 천사무엘 교수님과 함께했던 20대도 시편 8편 4절과 같은 경험을 하게 된 시간이었습니다. 한없이 연약하고 부족했던 제자들을 생각하고 돌보아 주셨던 교수님을 안 것은 제 삶의 큰 선물임에 틀림없습니다.

물론 처음부터 교수님을 알고 곁에 머물렀던 것은 아니었습니다.

교수님을 오해하던 시기도, 잘 모르던 시기도 있었습니다. 그럼에도 교수님 곁에 머무르려고 했던 이유는 주변 환경에 흔들리고 상황에 따라 변하는 것이 아닌, 흔들리지 않는 중심이 서 있는 모습을 보았기 때문입니다.

대학에 들어온 20대 초반이었습니다. 교수님의 수업 시간에 특정 성경 구절에 대해 주석서를 읽고 내용을 정리하여 조별로 발표하는 과제가 있었습니다. 그리고 교수님께서는 '참고 가능'한 주석서를 추천해 주셨습니다. 동시에 다른 자료는 참고하지 말라고 하셨습니다. 하지만 저희 조는 교수님이 추천해 주신 주석서와 함께 참고하지 말라고 했던 다른 자료들도 참고하며 내용을 풍성하게 보이도록 만들었습니다. 참고 가능한 주석서만 보고 내용 정리를 하면 발표가 너무 짧고 내용이 없다고 느껴져서 불안함을 느꼈습니다. 교수님의 의도보다는 다른 수업 시간에서 해왔던 발표 스타일과 다르다는 것에 대한 불안함에만 집중했던 것이었습니다. 결국 발표 당일, 교수님은 저희의 발표가 끝난 후 단호하게 말씀하셨습니다.

"다음 주에 다시 해와."

당시에는 교수님의 말씀대로 간단명료하게 다시 준비해서 발표했지만, 교수님의 의도를 알지 못했습니다. 지금 생각해 보면 교수님의 모든 의도와 생각을 외면하고픈 시기였던 것 같습니다. 이유는 다른 수업에 교수님이 가르쳐 주시던 성경에 대한 다양한 관점을 알게 되면서 받은 충격과 혼란 때문이었습니다. 한번은 교수님께서 예수님의 탄생을 '설화'라고 표현한 적이 있었습니다. 보수적인 교회의 모태신앙으로 자랐던 저에겐 신앙의 근간이 흔들리는 위험을 느꼈던 순간이었습니다. 사실 교수님이 말씀해 주신 관점들에 대해 궁금해하던 시기도 있었지만, 그것은 신앙을 내려놓는 행위로 배웠던 저는 도망치기에 급급했습니다. 동시에 교수님에 대한 오해의 벽을 세워 보지 않으려고 했습니다.

졸업 후 20대 중반이었습니다. 학과 조교로 일하게 되면서 교수님을 가까이서 뵐 기회가 생겼습니다. 그때까지도 제 안에는 교수님에 대한 오해가 남아있었습니다. 단호한 교수님과 일하게 된 것이 조금 두려웠습니다. 하지만 그런 감상에 젖어 있을 틈도 없었습니다. 조교로 일하던 초반, 복잡한 상황에서 과도한 업무 요청이나 야근을 감내해야 하는 일이 많았기 때문이었습니다. 일을 다루는 것이 무엇인지 모르던 시기였습니다. 한번은 너무 무리했는지 몸이 안 좋아지면서 대학병원에 가게 되었습니다. 심장에 아주 작은 문제가 생겼었습니다. 주변에서 걱정 어린 말은 많이 들었지만, 특히 천사무엘 교수님의 진심 어린 걱정은 교수님에 대한 벽을 허물게 해주었습니다.

"야근하지 마라. 그렇게 한다고 누가 알아주지 않는다."
"수당도 못 받고 야근만 했으니, 내일은 늦게 출근해라."
"누가 뭐라고 하면 내 이름을 대라."

교수님이 하신 말씀은 거창한 위로가 언어가 담겨 있진 않았습니다. 하지만 함께 일하는 사람으로서 존중과 보호를 느낄 수 있었습니다. 직장 생활 하며 든든한 제 편이 되어 주셨습니다. 교수님의 인간적인 면모는 함께 일하면서 많이 느낄 수 있었습니다. 흔히 상상하던 연차가 많이 쌓인 상사의 모습이 아니었습니다. 오히려 학교와 학생을 진심으로 걱정하고 함께 일하는 사람을 존중하는 모습이 무엇인지 보여주셨습니다. 감정적이거나 상황에 휘둘리거나 자신의 이익을 쫓거나 일을 미루기보다, 현명하게 판단하고 더 나은 선택을 위해 노력하시고할 수 있는 일은 스스로 하시려는 모습들은 교수님의 겸손과 성실을 가까이서 볼 수 있는 기회였습니다. 이러한 교수님에 대한 경험은 제 삶의 방향을 바꿔주었습니다.

계약 마지막 해에는 진로에 대한 고민이 많았습니다. 공부에 대한 생각은 있었지만, 자신이 없었습니다. 하지만 교수님의 응원과 권유로 대학원 진학을 생각하게 되었습니다. 교수님이 보여주신 모습들은 교수님이 공부하는 것이 무엇이고, 어떻게 그것을 삶으로 살아낼 수 있는 것인지 궁금하게 만들었습니다.

대학원에 진학하고 20대 후반이었습니다. 대학원에 진학하고 한 학기가 채 지나지 않았을 때, 저는 개인적으로 힘든 시기를 겪고 있었습니다. 감정적인 편이었던 저는 별다른 기대 없이 교수님께 힘든 상황을 털어놓았습니다. 따뜻한 위로보다는, 현실적으로 엄격한 해결 방안을 제시하실 줄 알았던 교수님의 반응은 예상과 달랐습니다.

"FP는 그럴 수 있어."

한때 유행했던 혈액형별 성격처럼, 성격을 유형별로 나누는 MBTI

에 관심 많던 제자를 기억해 주신 교수님은, 일부러 제 성격 유형을 찾아보시고 덤덤하게 말씀하셨습니다. 저 한마디가 저에겐 교수님에 대한 존경심이 봇물 터지듯 커지게 만들었습니다. 이 작은 배려에서 느껴지는 따스함이 저에게 큰 위로가 되었습니다. 겉으로는 이성적이면서 엄격해 보인다고 생각했던 교수님이 저를 기억하고 이해하려 노력하셨다는 것은 저에게 새로운 깨달음을 주기도 했습니다. 상대를 안다는 것은 단순한 공감이 아니란 것을 배웠습니다. 인간적으로나 학문적으로나 알려면 공부하며 노력하는 시간이 필요하다는 것을 알게 되었습니다.

하지만 여전히 미성숙했던 저는 그 이후에도 방황을 멈추지 못했습니다. 대학원 2학기에 접어들었을 때였습니다. 유학을 목표로 하던 영어 공부가 부담스러워, 나름의 꾀를 부렸습니다. 영어 공부를 도와주며 영어 교사로 일할 수 있는 기회를 준다는 학원에 취직한 것이었습니다. 영어 공부와 돈, 두 마리 토끼를 잡을 수 있다는 기대감에 그곳에 적응하기 위해 집중했습니다.

학원에서 일하며 영어 수업을 듣고 시험을 준비하는 과정은 의미 있었지만, 그로 인해 대학원 수업을 빠지거나 과제의 질이 떨어지는 일이 반복되었습니다. 정작 중요한 대학원 공부 소홀했던 것입니다. 주변을 통해 교수님께서 "면학 분위기를 해치는 것은 안 된다"라고 말씀하시며 화가 나셨다는 이야기를 들었지만, 교수님은 직접적으로 저를 질책하지 않으셨습니다. 당시 저는 그런 상황이야말로 교수님의 관심에서 완전히 벗어났다는 의미라고 생각했습니다.

그러나 제풀에 지쳐 2학기가 끝나갈 무렵, 학교에 집중하려고 마음을 다잡으려 할 때, 교수님이 저를 포기하지 않으셨다는 것을 알게 되었습니다. 스스로조차 자신을 포기했던 그 시기에, 답답함 속에서도 묵묵히 기다리신 교수님의 인내는 다시 한번 저의 삶에 깨달음을 주었습니다. 인자가 무엇이기에, 제자라고 나를 생각하시고 인내하시는 모습에서 예수님의 사랑이 무엇인지 경험했습니다.

대학원 막바지, 졸업 논문을 준비하며 저는 다시 한번 실수했습니다. 졸업 논문을 쓰면서 교수님의 피드백을 무시하고 제 멋대로 방향을 바꿔왔습니다. 심지어 교수님께서 한마디 하실 때, 저는 교수님이 다른 상황에서 하셨던 말씀을 끌어와 핑곗거리로 삼았습니다. 결국 교수님은 화를 내시며 교수님은 단호히 말씀하셨습니다.

"너의 이유에 내 말을 핑곗거리로 쓰지 마라."
"다들 땅을 파다가 돌에 막히면 다른 곳을 판다. 하지만 그 돌을 인내하고 깨야 그 밑에 무엇이 있는지 알 수 있다."

교수님이 화를 내며 하신 쓴소리는 제 삶의 태도를 완전히 바꾸게 되었습니다. 이번에는 어떤 변명도 통하지 않았습니다. 교수님은 저를 생각해서 피드백을 주셨지만, 그것을 귀담아듣지 않은 것은 온전히 제 책임이었습니다. 그 상황을 대하는 모습도 어리석었습니다. 잘못을 인정하기보다 또다시 변명하며 외면하려고 했습니다. 하지만 교수님을 통해 보게 된 저의 모습에 대하여 도망칠 구멍도, 남 탓할 거리도 없었습니다. 저는 스스로의 부족함과 어리석음을 정면으로 직면해야 했습니다.

이 경험은 제 인생에서 처음으로, 모든 결과를 온전히 자신의 책임으로 받아들이게 만든 사건이었습니다. 누군가는 "너무 당연한 말 아니야?"라고 생각할지도 모르겠습니다. 그러나 저는 평생을 다른 것에 의지하고 외면하며 살았습니다. 제가 처한 상황과 선천적 이유는 많은 사람들에게 변명거리로 삼기도 좋았습니다. 그런 제 삶에 교수님은 처음 경험하는 어른이었습니다. 변명이 통하지 않는다고 냉정한 것도 아니었고 따듯하다고 무조건 져주는 것도 아니었습니다. 교수님의 사랑은 따듯하면서도 엄격했습니다. 조건 없는 사랑일지라도 기준이 없진 않았습니다.

돌이켜보면, 교수님과 함께한 시간들은 제 인생을 근본적으로 변화시켰습니다. 삶의 태도가 변하니 신앙적으로나 학문적으로나 인격적으로 성장할 수 있었습니다. 이것은 교수님께서 몸소 삶으로 보여주시기에 가능했습니다.

시편 8편 4절은 제 평생에 가장 위로가 되었던 말씀이었습니다. 삶이 지쳐 힘들 때마다 누가 내 곁에 계시는지 느끼게 해주는 구절이었습니다. 지금은 교수님의 삶과 공부를 통해 인자가 무엇이기에 그를 생각하고 돌보시는지, 인자로 오신 예수님의 사랑을 배우게 되었습니다.

어리석은 제자의 방황과 실수에도 포기하지 않으시고 생각하며 돌보아 주신 교수님의 인내와 사랑에 감사를 드립니다.

세계적인 신학자이며, 위대한 목회자,
하늘 같은 스승 천사무엘 교수님

임신호

구약학 박사. 하이엘교회 담임목사

한남대학교 탈메이지 교양대학 초빙교수

세계적인 신학자

2009년 4월 23일에 「한국기독공보」에는 "천사무엘 교수 세계인명사전에 등재"의 제목의 기사가 실렸다. 그 내용은 영국 케임브리지 국제인명센터 IBC가 발간하는 세계인명사전 『21세기 탁월한 지식인 2000명』 2009~2010년판에 천사무엘 교수님의 이름이 등재된 소식이었다.

나는 1996년부터 2016년까지 신학 공부를 하였다. 수많은 신학자들을 만나고 그 분들게 신학을 배웠다. 하지만 대다수의 교수님들은 자신의 전공을 중심으로 이야기할 뿐 구약과 신약을 넘나들고, 중간시대의 이야기를 깊이 있게 전해줄 수 있는 학자는 거의 없었다. 하지만 천사무엘 교수님은 달랐다. 그분의 신학 수업을 들으면 강의 품격이 달랐다. 그리고 그 깊이가 달랐다. 그리고 영성이 달랐다. 이처럼 품격과 깊이 그리고 수준 높은 영성의 강의는 나의 신학적 사고의 틀을 새로이 하고 정립하는 데 있어서 매우 중요한 역할을 하였다.

나는 진심으로 교수님의 은퇴를 미루고 싶다. 아니 주님께서 부르실 그날까지 교수님만은 강의를 계속하셨으면 좋겠다는 생각을 수도 없이 하였다. 이러한 생각이 나 혼자만은 아닐 것이다. 국가적 차원에서도 100년에 한 번 나올까 하는 위대한 신학자의 은퇴는 아쉬움 그 자체이다.

대다수의 교수들이 강의를 잘하면 글을 잘 못 쓰고, 반대로 글을 잘 쓰면 강의를 못 하는 교수들이 많다. 하지만 천사무엘 교수님은 강의도 잘하시고 글도 잘 쓰신다. 정말 시간을 되돌릴 수 있다면 천 교수님의 강의를 시작한 첫해의 그 신선하고 열정 넘치는 젊은 천사무엘 교수님의 강의를 들어보고 싶다.

위대한 목회자

천사무엘 교수님은 세계적인 신학자이다. 그런데 더 놀라운 것은 목회에 대한 그분의 소신은 참으로 하나님 중심에서 시작되기에 나는 더욱 놀라움을 금치 못하였다. 대다수의 신학교 교수들에게서는 목회자로서의 영성을 찾기란 쉽지 않았다. 하지만 천 교수님은 목회자로서의 영성이 탁월하였다. 아마도 그분의 뛰어난 목회자적 영성은 어린 유년 시절부터 목회적 상황의 가정환경 속에서 경험되고 성장하지 않았을까 조심스레 생각해 본다. 나 역시 개척교회 목회자로 벌써 7년째 사역을 하고 있다. 다른 교수님들과 목회적인 이야기를 할 때면 마치 벽에 대고 혼자 떠드는 것 같은 답답함을 느끼지만, 교수님과 목회적 대화를 나눌 때는 정말 존경받는 목사님과의 대화임을 실감하였다.

천 교수님은 마치 카멜레온과 같으시다. 신학적인 부분에서도 세계 최고이시고, 목회적인 부분에서도 위대함을 보여주시기 때문이다. 정말 쉽지 않은 그 누구도 따라가기조차 어려운 위대한 신학자이며 동시에 위대한 목회자이심이 분명하다.

하늘 같은 스승

참으로 많은 교수님들을 접했지만 나에게 영원한 스승은 천사무엘 교수님이시다. 그분은 자신의 제자들을 포기하지 않으시는 분이시다. 자신의 이익보다, 제자들의 아픔에 집중하시는 분이시다. 어려움에 처해 있는 제자들을 결코 외면치 않으시는 예수님의 성품을 가지신 하늘 같은 스승님이시다. 진리의 문제 앞에 포기하지 않으시고, 진리를 따라 살아가라고 명확한 신앙의 길을 제시해 주시는 분이시다.

박사과정 세미나 중에서 근본주의를 추구하는 아주 젊은 부목사와 신학 토론 중에 교수님께서 진심으로 이야기하셨던 말을 나는 아직도 잊지를 못하고 있다. 벽 창호와 같이 답답한 대답으로 교수님을 공격하는 그 학생을 앞에 두고 함께 세미나에 참석했던 이들 앞에서 교수님 이렇게 말씀하셨다. "하나님이 만약 그런 분이시라면 다시는 그런 하나님을 믿지 않을 거라고, 그런 하나님은 내게 필요 없다고." 나는 그분의 진심 어린 그 신앙 고백을 지금도 잊을 수가 없다.

신학을 공부한다는 것은 하나님에 대해 어떻게 이해하며 살아야 할지에 대한 고민일 것이다. 문자 속에 갇혀버린, 교리 속에 갇혀버린 하나님을 믿는다는 것은 한계로 가득 찬 신학일 것이다. 하지만 교수님은 문자 속에 갇혀서 위대하고 광대하신 하나님을 발견하지 못하는 것만큼 절망은 없다고 하셨다.

이렇게 교수님의 은퇴를 기념하며 부족한 자가 교수님을 이야기할 수 있게 됨을 감사하며 영광으로 생각합니다. 교수님 진심으로 사랑하고 축복합니다. 교수님께서 가르쳐주신 사랑, 신학, 주를 향한 열정을 그대로 다른 제자들에게 전하겠습니다.

스승의 길, 말씀의 빛

전병규

구약학 석사. 이스라엘 선교사

천사무엘 교수님 은퇴를 기리며

한 시대를 관통해 온 학자의 여정에는 언제나 깊은 통찰, 조용한 열정 그리고 타인을 향한 따뜻한 헌신이 배어 있습니다. 그 길을 고요히, 그러나 단단한 발걸음으로 걸어오신 분, 한남대학교 기독교학과의 천사무엘 교수님께서 이제 교육과 연구의 자리에서 은퇴하시게 되었습니다. 제자된 한 사람으로서, 교수님의 은퇴를 맞이하며 그동안의 학문적 업적과 스승으로서의 품격 그리고 목회자로서의 헌신을 기억하며, 존경과 감사의 마음을 이 글에 담아 올립니다.

천 교수님께서는 평생을 성서라는 깊고도 풍성한 세계를 탐구하시며, 그 안에 담긴 하나님의 음성과 인간의 응답을 성실히 해석해 오셨습니다. 복잡한 역사적 맥락 속에서도 언제나 본문에 대한 경외심을 잃지 않으시며, 날카로운 분석과 동시에 따뜻한 시선으로 성서를 풀어 내셨습니다. 교수님의 연구는 단순한 지식의 축적을 넘어, 말씀을 통해 오늘을 살아가는 이들에게 예수 그리스도의 길을 제시하는 여정이었습니다.

수많은 논문과 저서, 강의를 통해 성서 본문의 역사적 배경과 신학적 메시지를 깊이 있게 조명하셨고, 책임 있고 바른 성서 해석의 길을 후학들에게 제시해 주셨습니다. 이로써 교수님의 학문적 성과는 한국 성서학계에 귀한 유산으로 남았으며, 지금도 여러 교육 현장에서 살아 숨 쉬며 다음 세대를 이끌고 있습니다.

그러나 교수님의 진정한 위대함은 연구나 강의실의 성과를 넘어서, 제자들의 마음에 새겨진 인격과 감화에 있습니다. 제게도 교수님은 단순한 지도교수를 넘어, 학문과 삶의 방향을 바로 세워주신 진정한 스승이셨습니다. 석사 논문을 준비하던 시절, 교수님께서 보여주신 세심한 지도와 인내 그리고 따뜻한 조언은 지금도 제 삶의 귀한 자산으로 남아 있습니다.

교수님의 지도 아래 석사 논문을 준비하는 과정에서 보여주신 교수님의 세심한 지도와 인내 그리고 따뜻한 조언은 지금도 제 안에 살아 있는 가르침입니다. 무엇보다 글의 논지의 흐름이 어떻게 논리를 완성해가는지에 대한 가르침은 텍스트를 다루는 기술을 넘어서, 학문적 사유의 구조와 그 흐름을 배워가는 과정 속에서 단지 논문을 쓰는 기술이 아니라, 사물과 인생을 바라보는 새로운 시각을 배울 수 있었습니다. 교수님과의 일대일 면담 시간은 단순한 논문 지도의 자리가 아니라, 학문을 통해 삶을 성찰하고, 신앙 안에서 존재의 뿌리를 다시 확인하게 해주는 시간이었습니다.

무엇보다도, 교수님께서 학자이자 동시에 목회자로 살아오셨다는 점은 제게 더욱 깊은 감동으로 남습니다. 강단 위에서는 학문을 가르치셨지만, 강단 밖에서는 제자들의 삶을 품고 기도하며 함께 걸어가셨습니다. 말씀 앞에 선 사람으로서의 삶, 교회에 대한 헌신, 사람에 대한 사랑이 교수님의 모든 가르침 속에 스며 있었습니다. 그러한 삶의 자세는, 저에게 목회자가 어떠해야 하는지를 삶으로 보여주신 본이었습니다.

또한 교수님께서는 공동체적 학자의 모범이기도 하셨습니다. 동료 교수님들과의 협업 속에서 보여주신 겸손과 배려, 학문 공동체에 대한 책임감은 수많은 이들에게 귀감이 되었습니다. 권위를 앞세우지 않으시면서도, 학문의 권위는 누구보다 진지하게 지키셨던 교수님의 태도는 지금도 많은 후학들에게 깊은 인상을 남기고 있습니다.

이제 교수님께서 강단을 떠나시지만, 그 가르침과 정신은 결코 멈추지 않을 것입니다. 수많은 제자들의 삶 속에서, 그 말씀의 뿌리는 더욱 넓게 퍼질 것입니다. 저 역시 저에게 주어진 선교 현장의 삶 속에서 교수님의 목소리와 눈빛을 떠올리게 될 것입니다. 교수님께서 보여주신 말씀에 대한 경외, 교회에 대한 헌신 그리고 사람에 대한 사랑을 잊지 않겠습니다.

천사무엘 교수님, 긴 세월 말씀을 향한 헌신과 제자들을 향한 사랑에 진심으로 감사드립니다. 교수님께서 걸어오신 길은 단지 한 개인의 학문적 여정이 아니라, 다음 세대를 위한 축복이자 희망이었습니다. 은

퇴는 결코 끝이 아닌 또 다른 시작일 것입니다. 주님의 평강과 은혜가
교수님의 새로운 여정 위에 늘 함께하시기를 기도드립니다.

진심을 다해 존경과 감사를 드립니다

제자 전병규 선교사 올림

짧지만, 강렬했던 천 교수님에 대한 기억

최 성 진

구약학 박사과정, 대전솔내교회 부목사

2022년 늦은 가을, 필자는 한남대 일반대학원 입시 면접에서 천 교수님을 처음 뵈었다. 그리고 박사과정을 진행하는 약 2년이라는 시간 동안 교수님께 지도를 받았다. 어쩌면 그 누구보다 늦고, 짧은 시간 동안 교수님께 배웠지만, 교수님은 필자의 학문의 과정에서 마침표가 아닌, 느낌표를 강하게 찍어주신 분이셨다. 뿐만 아니라 목회자로서도 사역의 방향을 삶으로 보여주신 분이셨다. 비록 교수님의 은퇴로 인해서 더 이상 직접적인 지도를 받을 수는 없지만, 그동안의 교수님께 받은 가르침과 사랑에 감사하며 몇 글자 교수님을 기억하는 글을 남기고자 한다.

교수님의 가르침을 기억하며

지혜문학, 외경, 성서해석사, 기독교와 과학, 자유주의 신학. 교수님을 생각하면 떠오르는 단어들이다. 한남대에 오기 전까지 신학과에서 7년을 배웠지만, 기존에 제대로 경험해 보지 못했던 새로운 단어들이었다. 이러한 단어들을 존재하게 한 가장 큰 이유는 신학의 방향성이라고 생각된다. 교수님의 신학은 후기 자유주의 신학 노선에 속한다. 교수님이 가장 싫어하시는 것은 근본주의 신학이었다. 근본주의가 한국 교회를 망치고 있다고 여기셨다. 특히 현대과학의 세계를 살아가는 사람들이 아직도 과거의 사고에서 벗어나지 못하고 있다고 여기시면서, 문자 그대로를 받아들이려 하는 근본주의를 비판하셨다. 그들은 성경의 권위를 앞세우고 교리와 전통을 중요시하다 보니 성서비평학 조차도 수용하지 않으려는 경향이 있다. 이것은 학자로서의 접근을 차단한다고 볼 수 있다. 자유는 사라지고 상상력이 발현될 수 없는 문제점이 존재하는 것이다. 결국 하나님께서 인간에게 주신 지혜를 사용하지 말라는 것과 다를 바 없는 것이다. 하지만 교수님은 하나님의 창조와 지혜를 중심으로 학문에 다양하게 접근하셨다. 학생들의 질문에 언제나 성실히 답해 주셨고, 때로는 터무니없어 보이는 질문에도 여러 예시와 연속된 질문을 통해 깊은 깨달음을 주셨다. 타 대학에서는 쉽게 경험할 수 없는 넓고 다양한 학문적 스펙트럼을 배우는 것은 학생으로서 정말 소중한 기회였고, 덕분에 사고의 폭도 크게 넓어질 수 있었다.

필자의 경우 '기독교와 과학'과 더불어 '구약의 외경과 위경' 과목을 매우 흥미롭게 공부했다. '구약의 외경과 위경'에서는 개신교도 외경을 다뤄야 하는 필요성에 대해서 배울 수 있었다. 가톨릭이나 정교회에서는 제2 경전으로 포함시켰고, 루터나 칼뱅 같은 종교 개혁자들도 이미 외경이 신앙생활에 유익을 줄 수 있다고 언급했지만, 여전히 개신

교는 외경을 멀리하고만 있다.

'기독교와 과학'에서의 핵심은 신학과 과학이 서로 사용하는 언어가 다를 뿐이지 서로 배척할 것이 아니라는 것을 알게 되었다. 결국 서로를 이해하기 위하며 함께 발전해야 가야 할 학문이라는 것을 배울 수 있었다.

더불어 교수님께 글쓰기를 배운 것은 매우 소중한 재산이 되었다. 오늘날 박사학위가 있는 사람들 중에서도 제대로 된 논문을 쓰지 못하는 자들이 수두룩한 현실을 안타까워하시면서, 필자와 함께 공부한 대학원생들에게 주석이 무엇인지 심도 있게 가르쳐주셨다. 글을 쓰는 목적과 논지가 분명히 드러나도록 글을 쓰게 하셨으며, 글의 방향이 잡히지 않으면 몇 번이고 다시 쓰도록 훈련시키셨다. 필자의 경우에도 소논문 계획서 하나만 가지고 3번이나 찾아뵈었으나, 모두 다시 수정을 해야만 했었다. 그래서 교수님이 쓰신 책과 논문들을 읽으며 글의 틀을 익혔고, 어떻게 글을 써야 할지 조금씩 파악해 가기 시작했다. 물론 지금도 부족하지만, 어떤 게 잘 쓰인 글인지를 분별할 수 있다는 점에서 교수님의 가르침이 너무도 소중하게 여겨지고 있다.

마지막으로 한가지 가르침을 더 언급해 보자면 신학자로서의 방향성을 제시해 주신 것이다. 교수님은 신학자를 "오늘날 우리의 상황에 맞게 성경을 해석해 주는 사람들"이라고 말씀하셨다. 과거에 기록되지 않은 내용에 대해서 단순한 믿음으로만 놓아둘 것이 아니라, 오늘날 우리의 상황에 맞게 전해야 할 사명을 각인시켜 주셔서 학생들로 하여금 더 연구해야 할 의무가 있음을 깨우쳐 주셨다.

교수님의 마음을 되새기며

교수님의 마음에는 언제나 주변 사람들을 챙기는 따뜻한 마음이 담겨 있었다. 수업 시간 외에 교수님을 만나면 교수님은 거의 빠짐없이 다양한 학생들의 이야기를 물어보셨다. 학업도 학업이지만 학생들의 삶의 이야기를 궁금해하셨다. 이는 단순한 궁금증을 넘어 학생들의 삶을 진심으로 살펴주시는 것이었다. 유학을 준비하는 친구, 삶이 순탄하지 못한 친구, 응원이 필요한 친구 그리고 경제적으로 어려움이 필요한 친구 등 다양한 친구들을 기억하며, 진심으로 걱정해 주셨다. 심지어는 대학원생들의 건강까지도 챙겨주셨는데, 몸에 해로울 수 있는 음식들을 되도록 멀리하게 지도하셨고, 멀리 지리산까지 학생들을 초대해서 건강한 음식들로 대접해 주시기도 하셨다. 그 제자들을 아끼지 않는다면 어찌 가능할까 싶은 마음들이 가득 담겨 있었다. 필자의 경우 아들 녀석의 사춘기 문제로 인해 논문을 쓰지 못하는 상황을 마주했다. 하지만 교수님께서는 아이의 상황에 공감해 주시면서 본인이 알고 있는 다양한 정보를 전달해 주셨고, 아이가 잘 치료받을 수 있도록 적극적으로 이끌어 주셨다. 덕분에 필자 역시도 편안한 마음으로 아이를 케어할 수 있었다.

그리고 보니 교수님은 정말 세밀한 것까지도 잘 챙기시는 분이셨다. 한번은 교수님과 사모님을 모시고 식사하는 자리를 가졌다. 함께 공부하는 학생들과 미리 자리를 잡아놓고 교수님이 오시길 기다리고 있었는데, 교수님께서 저 멀리에서 사모님과 손을 꼭 잡고 걸어오시는 모습이 눈에 띄었다. 그래서 "교수님, 사모님과 손잡고 오시는 모습이 참 보기 좋더라구요"라고 말씀드렸더니 교수님께서 이렇게 말씀하셨다. "아내가 잘 넘어져, 그래서 넘어지지 않게 손을 꼭 잡아주어야 해. 그리고 남들은 어색하게 보는지 모르겠지만, 우리가 이렇게 손잡고 다니니까 다른 사람들도 따라서 손잡고 다니더라구." 교수님이 사모님을 아끼시는 마음이 고스란히 느껴졌다.

그렇다고 교수님이 가까운 사람만 아끼는 것은 아니었다. 목사로서 한국 교회의 현실을 진심으로 걱정하셨고, 교수로서는 그 문제를 풀어내기 위해 진심으로 학생들을 가르치셨다. 특히 대전 지역에 있는 수많은 목회자들이 근본주의적 성향을 가진 모습에 안타까워하며, 제대로 알고 믿게 하기 위해서 다양한 방법으로 학생들을 지도하셨다. 이러한 모습이 구약성서의 예언자와 같은 모습으로 느껴졌다. 이러한 열정이 여전히 가슴속에 남아있다.

교수님의 삶을 추억하며

필자가 교수님의 삶에 대해서 논한다는 것은 말도 되지 않는다. 아주 단편적인 부분만 보았기 때문이다. 그래서 차마 삶이라는 단어를 써서 교수님을 나타낸다는 게 주제넘게 보일 수 있겠지만, 그럼에도 필자가 삶이라는 단어를 써서 교수님을 추억하는 이유는 다른 데 있지 않다. "아는 것과 사는 것이 일치된 삶" 이것을 실천하시면서 살아가신 분이라고 느꼈기 때문이다. 교수님은 기독교를 설명하면서 '실천의 종교'라고 가르치셨다. 이론이나 예배와 같은 제의적인 것에만 머물러 있는 것이 아니라, 삶에서 실천하면서 살아가야 하는 것을 이야기한다.

그리고 정말로 그렇게 살아가고 계셨다.

하지만 현실에서 아는 것과 사는 것에 일치되지 않는 사람들이 얼마나 많은지 모른다. 다른 말론 이중적인 삶을 살아가는 사람이 대다수라는 것이다. 특히 교수님은 교회에 젊은이들이 사라져가는 이유에 대해서 학교와 교회에서 배우는 것이 서로 다르기 때문이라고 말씀하셨다. 학교에서는 '진화론'을 가르치는데 교회에서는 '창조론'을 가르치다 보니, 학생들은 학교에서의 삶과 교회에서의 삶이 다를 수밖에 없는 이중적인 삶을 살다가 점차 교회를 떠난다는 것이다. 저러면 미친다고. 따라서 그들이 미치지 않도록 교회와 목회자가 제대로 가르쳐야 한다고 말씀해 주셨다.

이 문제뿐만 아니라 '부활'을 이해하는 부분에 있어서도 현대인들에게, 현대인들에 맞는 방식으로 설명해 주셨다. 학문적으로 물러서지 않으셨고, 본인이 깨달은 바를 과학적인 사고와 알맞은 성서 해석으로 가르치셨다. 만약 일반적인 한국교회에서 이 내용으로 설교했다면 다들 들고 일어섰을법한 설교였을 것이다. 하지만 교수님의 가르침을 하나하나 헤아려 보면서 듣는다면, 지금까지 알지 못했던 것들이 퍼즐처럼 풀려나가는 것들을 경험할 수 있을 것이라 여겨진다. 그것이 바로 필자가 느낀 느낌표였다.

아직 천사무엘 교수님의 가르침을 깊이 있게 경험해 보지 못한 사람들은 수없는 물음표로 가득할지도 모른다. 때로는 부정의 느낌표만 떠오를지도 모른다. 하지만 천 교수님을 제대로 경험한 사람들이라면 긍정의 느낌표가 뚜렷이 새겨져 있을 것이라고 여겨진다. 학자로서 학문에 대한 열정과 진리를 가르치려는 '열정의 느낌표!' 목사로서 한국

교회를 향한 마음과 주변 사람들을 사랑하는 진심 어린 마음의 느낌표!
목사와 교수의 이중적인 모습으로 나뉘지 않고 천사무엘이란 그 이름
그대로 삶을 살아내는 '일관성의 느낌표!'와 같이 말이다.

글을 마무리하며

이제 교수님이 은퇴하시고 나면 누가 또 이 사명을 감당할 수 있을
지 알 수 없다. 하지만 은퇴하셔서도 지속적인 가르침을 주실 수 있기
를 기대해 본다. 알콩달콩 건강하게 사모님과 즐거움도 누리시고, 시시
때때로 한국 기독교계에 큰 가르침과 영향력을 펼쳐주실 것을 기대한
다. 그리고 교수님이 소소하게 뿌려놓은 지식과 사랑의 씨앗들이 곳곳
에서 싹을 틔우게 될 것을 기대해 본다. 교수님 긴 시간 동안 고생 많으
셨습니다! 존경하고 사랑합니다!

아버지처럼 든든하고 따뜻한 존재

안예은

08학번, 글로컬다문화지도자양성사업단(GMLP)

나는 단 한 번도 교수님의 수업을 직접 들은 적은 없었다. 그저 선배들로부터 '무섭다', '엄하시다'라는 이야기를 귀에 익을 정도로 들었을 뿐이었다. 교수님에 대한 소문은 많았지만, 수업을 들을 기회도, 개인적으로 뵐 기회도 없었기에 천 교수님이라는 존재는 자연스레 쉽게 다가갈 수 없는 분으로 자리 잡았다. 그래서 처음 함께 일을 하게 되어 인사를 드릴 때는 잔뜩 긴장한 채 조심스레 말씀을 드렸던 기억이 난다. 작은 실수도 해선 안 될 것 같은 압박감 속에서 사업단의 일을 시작했다.

하지만 시간이 흐르면서, 교수님의 단단한 겉모습 뒤에 숨겨져 있던 따뜻함과 세심한 배려를 하나둘씩 발견하게 되었다.

가장 기억에 남는 순간 중 하나는 실수를 했을 때 교수님이 건넨 한마디였다. "실수한 사람이 제일 힘들지." 그 짧은 말이 얼마나 큰 위로가 되었는지 모른다. 꾸짖기보다는 감싸주고, 기다려주고, 상황이 여의치 않을 땐 직접 나서서 문제를 해결해 주는 모습에 큰 감동을 받았다. 그 따뜻한 마음 덕분에 일에 더 애정을 갖고 임할 수 있었고, 나도 조금씩 단단해지고, 조금 더 따뜻한 사람이 되어갔다.

한번은 중요한 서류를 미리 처리했었는데, 중간에 다른 부서에서 누락이 되어 예정된 일정에 맞게 일 처리를 못하게 될 수밖에 없는 상황에 놓인 적이 있었다. 내 선에서는 도저히 해결할 수 없고, 이 문제를 어떻게 해야 할지 몰라 당황해서 거의 울먹이며 연락을 드렸더니, 침착하게 상황을 파악하시고는 담당 부서에 직접 연락해 문제를 척척 해결해 주셨다. 모든 일이 끝난 뒤에도 어떤 나무람도 하지 않으셨는데, 그 순간이 얼마나 감사하고 마음속에 깊이 남았는지 모른다. 아마 앞으로도 평생 기억에 남을 사건일 것이다. 이외에도 감사한 일들이 참 많은데, 잘했을 때는 언제나 칭찬을 아끼지 않으셨다.

그리고 자존감이 바닥을 치던 어느 날, "저는 제대로 할 줄 아는 게 없어요"라고 말한 적이 있었다. 그때 교수님은 웃으시며, "아니야, 넌 다방면으로 참 잘하고 있어"라고 말해주셨다. 그 말이 나를 일으켰다. 내 안의 가능성을 스스로 믿기 어려울 때, 교수님은 그런 나를 믿어주셨다. 그 믿음이야말로 내가 성장할 수 있는 가장 큰 힘이 되었다.

사업단 일을 하면서, 결재를 부탁드릴 일이 참 많았다. 급하게 결재할 건들도 있어서 교수님께 시도 때도 없이 전화하고 문자하고, 회의 전후로 조르기도 여러 번이었지만, 한 번도 귀찮아하거나 싫은 내색을 하신 적이 없었다. 심지어 해외에 계실 때에도 한결같으셨다. 바쁘신 와중에도 항상 빠르게 처리해 주셨고, "알았어~ 곧 해줄게" 하며 부드럽게 응답해 주셨던 말투가 아직도 따뜻하게 기억에 남아 있다. 또 회의가 있어서 맛있는 음식을 먹을 수 있을 때면, 항상 데리고 다니며 맛있는 음식을 먹이시던 그 마음도 잊지 못한다. 가끔은 불편할까 봐 테이블을 따로 잡아주시던 세심함. 그런 소소한 순간들이 모여 교수님과의 시간이 더욱 정겹고 따뜻하게 남게 되었다.

기독교문화연구원 조교와 함께 매주 금산으로 출장을 갈 때면 교수님은 늘 직접 운전대를 잡으셨다. 길가의 단풍을 가리키며 "단풍 좀 봐, 참 곱지?" 하고 말씀하시던 모습이 아직도 눈에 선하다. 꽃이 피는 계절이면 잠깐 짬을 내어 꽃구경을 다녀오기도 했다. 바쁘고 정신없는 일상 속에서도 계절의 변화를 느끼고, 그 아름다움을 함께 나눌 줄 아는 분. 교수님은 그렇게 삶의 속도를 천천히, 그러나 깊이 있게 살아가고 계셨다.

가장 인상 깊었던 이야기 중 하나는 결혼기념일이면 늘 장미꽃을 사서 사모님께 드린다는 이야기였다. 무뚝뚝한 듯하면서도, 사랑을 표현하는 데에는 한 치의 망설임도 없던 분. 오랜 세월을 함께한 배우자에게 여전히 정성과 마음을 다해 사랑을 표현하는 모습에서 교수님의 삶의 태도가 그대로 느껴졌다. 일과 삶, 배움과 사랑을 진심으로 소중히 여기는 사람. 그 하루하루가 조용한 가르침처럼 다가왔다.

시간이 갈수록 교수님은 나에게 단순한 직장 상사나 인생 선배를 넘어, 마치 아버지처럼 든든하고 따뜻한 존재가 되었다. 그래서 나도 모르게 자주 의지하게 되었고, 가끔은 징징거리며 속마음을 털어놓기도 했다. 실수하거나 마음이 복잡할 때면, 무조건적인 신뢰와 포용으로 들어주시던 교수님 덕분에 마음이 놓일 수 있었다.

교수님, 저에게 보여주신 그 따뜻한 마음과 세심한 배려 그리고 교수님의 삶의 자세를 잊지 않겠습니다. 제가 걸어갈 길 위에서, 그 마음을 오래도록 기억하며 살아가겠습니다.

존경과 감사의 마음을 담아 이 글을 바칩니다.

한남대학교에서 만난 '천사…무엘' 교수님

허윤기

신약성서 문학비평 연구소장. 신약학 박사

한남대학교 탈메이지 교양대학 겸임교수

한남대학교는 목요 찬양 때에만 왔던 낯설지만 반가운 곳이었다. 하지만 내가 이 학교에서 신약학으로 공부하게 될 줄은 상상도 못했다. 뿐만 아니라 한남대에서 녹봉(?)까지 받게 될 줄은 전혀 예측할 수 없던 곳이다. 나의 예측을 완벽하게 빗나가게 해 준 분은 바로 '천사무엘' 교수님이다.

"이 책의 내용을 해석해 봐요."

한남대학교에서 신약학 박사과정의 강의를 시작할 무렵 나는 오로지 신약과 구약 과목만 신청했다. 신약학 이달 교수님께 박사과정 강의를 위해 입학할 무렵, 천사무엘 교수님은 나의 면접 교수님이었다. 잔뜩 긴장한 채로 연구실에 들어온 나에게 교수님은 영어 원서 한 권을

툭 던지셨다. 그리고는 "해석해 보라"고 하셨다. 순간 당황했다. 전혀 예상치 못했던 일이었기 때문이다. 하지만 교수님은 "영어 공부를 더 하라"는 말과 함께 격려해 주셨다. 그리고 나는 새 학기에 한남대학교 기독교학과 일반대학원 신약학 박사과정 강의를 시작했다.

"신약, 아니면 구약."

2010년 3월, 나는 한남대학교 기독교학과 신약학 박사과정 강의를 시작했다. 강의를 시작하며 원우회 모임에 갔다. 자기소개를 하는 시간이 되었다. 나는 "신약학 박사과정 강의를 시작한 허윤기입니다"라고 했다. 그러자 다들 놀라운 듯 '그 신약학'이냐고 물었다. 너무 당연한 것을 물어보니 "네, 맞습니다"라고 답했다. 나중에 안 사실인데, 신약학으로 박사과정을 지원한 사람이 내가 처음이었다는 것이다.

그렇게 시작한 코스웍 과정, 나는 오로지 신약과 구약 과목만 신청했다. 신약 전공은 나 혼자였다. 물론 이후에 몇 명이 들어오긴 했지만, 끝까지 강의를 마친 사람은 나 혼자뿐이었다. 외로웠다. 하지만 구약학 전공자들과의 수업은 같은 성서학 전공이라는 동지 의식을 갖게 하기에 충분했다. 박사 강의는 3년 6학기다. 그 시간 동안 열심히 코스웍 과정을 이수했다. 그리고 외국어 시험, 종합 시험을 거친 후 나는 박사 논문을 쓰는 자격을 얻었다. 이제 내 자신과의 사투를 벌이는 시간이 시작된 것이다. 박사 논문을 쓰기 위해 나는 침례신학대학교 도서관을 찾았다. 학부부터 Th. M.까지 수학했던 익숙한 곳이기도 하지만, 무엇보다 집에서 가까웠기 때문이다.

침신대 일반대학원 도서관은 매우 독특한 곳이다. 나는 그 독특한 곳에서 박사 논문을 쓰기 시작했다. 논문을 쓰는 시간은 내 자신과의 지루한 씨름의 시간임을 알기에 단단히 마음을 먹었다. 당시 목회에서 은퇴하신 부모님을 모시고 살았다. 당시 교사인 아내는 출근에 분주했기 때문에 어머님께 2개의 도시락을 부탁드려 아침 9시부터 밤 8시까지 논문을 썼다. 그렇게 시작한 박사 논문은 5개월 만에 마무리 작업만 남겨둔 상태였다. 그러던 어느 날, 한남대학교 기독교학과와 교육학과가 함께 시작한 'GMLP 사업단'으로부터 한 통의 전화를 받았다. 천사무엘 교수님께서 GMLP 연구원으로 제안을 하셨다는 것이었다.

"한남대학교에서 녹봉을 받다."

나는 침신대 도서관을 벗어나 한남대학교 정성균 선교관에 위치한 GMLP 연구소에 책상을 배정받고 연구원으로 일을 시작했다. 당시 나는 블로그를 통해 GMLP 사업단의 행사와 사업들을 소개하기 시작했고, 천사무엘 교수님의 재가를 받고, 친구 조영래 목사가 만든 대전시에서 유일한 다문화 법인인 '드림업'과 다문화 여성들이 쉐프로 일하는 '아임 아시아'의 김봉구 목사님과 함께 M.O.U.를 맺으며 영역을 확장했다. 하지만 나는 연구원 체질이 아닌, 발로 돌아다니는 스타일이었다. 나의 이런 스타일은 천사무엘 교수님의 기대에 미치지 못했다. 그러던 어느 날, 천사무엘 교수님께서 연구실로 조용히 부르셨다. 교수님의 기대에 미치지 못한 나에게 실망하신 것이 분명했다. 그러나 천 교수님은 다시 한번 기회를 주셨고, 후임 연구원이 오기 전까지 최선을 다했다.

GMLP 연구소를 그만둔 후 나는 천사무엘 교수님 덕분에 2015학년도 1학기부터 '현대인과 성서' 강의를 시작하게 되었다. 그렇게 시작한 강의가 올해로 10년이 되었다. 운이 좋은 것도 있지만, 내 지도교수님인 이달 교수님과 천사무엘 교수님이 아니었다면 논문도, 박사학위도, 강의도 시작할 수 없었을 것은 분명하다. 그래서 나는 두 교수님의 은덕에 대한 보은의 마음으로 최선을 다해 강의했다.

시간은 흘러 이달 교수님의 은퇴를 그리고 이제는 천사무엘 교수님의 은퇴를 직면하게 되었다. 언제까지나 캠퍼스에서 반갑게 뵐 수 있는 교수님들을 더 이상 만날 수 없다는 것의 상실감은 예상보다 크다. 그러나 상실감을 뒤로하고 나에게 남은 하나의 과제가 있다. 그것은 교수님들의 가르침을 잊지 않고 후학들을 위해 나에게 주어진 강단에서 최선을 다해야 한다는 것이다.

"학자는 논문을 남기고, 교수자는 제자를 남긴다."

이전 세대가 가면 다음 세대의 사람들은 이전 세대에 진 빛을 갚기 위해 노력해야 한다. 이것이 강단에 선 자들에게 주어진 숙명이 아닐까? 나는 학자까지의 경지까지는 도달하지 못한 것 같다. 하지만 가르침을 주셨던 교수님들의 뒤를 이어 성실한 교수자가 되기 위해 노력한다. 그것이 나에게 학문의 길을 알려주셨던 교수님들에게 부끄럽지 않도록 노력해야 하는 이유가 아닐까?